끝없이 진화하는 무서운 전염병

끝없이 진화하는 무서운 전염병

2판 2쇄 발행 2021년 11월 15일

글쓴이 이화영
그린이 임성훈

펴낸이 이경민
펴낸곳 ㈜동아엠앤비
출판등록 2014년 3월 28일(제25100-2014-000025호)
주소 (03737) 서울특별시 서대문구 충정로 35-17 인촌빌딩 1층
전화 (편집) 02-392-6901 (마케팅) 02-392-6900
팩스 02-392-6902
전자우편 damnb0401@naver.com
SNS

ISBN 979-11-6363-246-7 (74400)

※ 책 가격은 뒤표지에 있습니다.
※ 잘못된 책은 구입한 곳에서 바꿔 드립니다.
※ 이 책에 실린 사진은 위키피디아, 셔터스톡에서 제공받았습니다.

끝없이 진화하는 무서운 전염병

글쓴이 이화영 | 그린이 임성훈

뭉치
MoongChi Books

펴내는 글

코로나19 같은 변종 바이러스가 위험한 이유는 무엇일까?
전염병으로부터 우리를 지키기 위해서는 어떻게 해야 할까?

선생님의 질문에 교실은 일순간 조용해지기 시작합니다. 인내심이 한계에 다다른 선생님께서 콕 집어 누군가의 이름을 부르는 순간 내가 걸리지 않았다는 안도감에 금세 평온을 되찾지요. 많은 사람 앞에서 어떻게 말을 해야 할까 고민 한번 해 보지 않은 사람은 없을 겁니다.

사람들 앞에서 자신의 생각을 조리 있게 전달하는 기술은 국어 수업 시간에만 필요한 것이 아닙니다. 학교 교실뿐만 아니라 상급 학교 면접 자리 또는 성인이 된 후 회의에서도 자신의 의견을 분명히 표현할 수 있어야 합니다. 하지만 어디서부터 시작해야 할지 몰라 입을 떼는 일이 쉽지 않습니다. 혀끝에서 맴돌다 삼켜 버리는 일도 종종 있습니다. 얼떨결에 한마디 말을 하게 되더라도 뭔가 부족한 설명에 왠지 아쉬움이 들 때도 많습니다.

논리적 사고 과정과 순발력까지 필요로 하는 토론장에서 자신만의 목소리를 내려면 풍부한 배경지식은 기본입니다. 게다가 고학년으로 올라가서 배우는 수업과 진학 시험에서의 논술은 교과서 속의 내용만을 요구하지 않습니다. 또한 상대의 의견을 받아들이거나 비판하기 위해서도 의견의 타당성과 높은 수준의 가치 판단을 해야 하는 경우가 많은데, 자신의 입장을 분명히 하기 위해선 풍부한 자료와 논거가 필요합니다.

토론왕 시리즈는 사회에서 일어나는 다양한 사건과 시사 상식 그리고 해마다 반복되는 화젯거리 등을 초등학교 수준에서 학습하고 자신의 말로 표현할 수 있도록

기획되었습니다. 체계적이고 널리 인정받은 여러 콘텐츠를 수집해 정리하였고, 전문 작가들이 학생들의 발달 상황에 맞게 스토리를 구성하였습니다. 개별적으로 만들어진 교과서에서는 접할 수 없는 구성으로 주제와 내용을 엮어 어린 독자들이 과학적 사고뿐만 아니라 문제 해결력, 비판적 사고력을 두루 경험할 수 있도록 하였습니다. 폭넓은 정보를 서로 연결 지어 설명함으로써 교과별로 조각나 있는 지식을 엮어 배경지식을 보다 탄탄하게 만들어 줍니다. 뿐만 아니라 국어를 기본으로 과학에서부터 역사, 지리, 사회, 예술에 이르기까지 상식과 사회에 대한 감각을 익히고 세상을 올바르게 바라보는 눈도 갖게 할 것입니다.

『끝없이 진화하는 무서운 전염병』의 주인공 민준이와 나백신 박사는 바이러스에 전염된 동생 민지와 친구들을 구하기 위해 민지의 콧속으로 들어갑니다. 그곳에서 만난 바이러스 X와 세균 Z를 따라 환상적인 시간 여행을 떠나게 되죠. 말라리아로 멸망한 고대 로마, 페스트가 창궐한 14세기 유럽, 콜레라가 만연한 19세기 영국, 제1차 세계대전 중 퍼진 스페인 독감과 신종플루, 2014년 전 세계를 공포로 몰아넣은 에볼라 바이러스, 2015년 한국을 덮친 메르스, 2019년 코로나19…. 이 책을 통해 독자 여러분이 전염병에 대한 다양한 정보와 특성을 이해하고, 그 과정에서 나타나는 여러 가지 사회 현상을 파악해 올바른 가치관을 갖게 된다면 더없이 소중한 시간이 될 것입니다.

편집부

나백신 박사의 나노레이저

이번에 개발한 거야. 나노미터(nm) 단위로 바이러스 크기까지 작아지게 만드는 레이저지.
그런데 무슨 일인데, 그리 호들갑이냐?
원인을 알 수 없는 전염병이 초등학생을 중심으로 급속도로 퍼지고 있습니다. 초기 증상은 기침과 고열 등 감기와 비슷한데요. 전문가들은 신종 바이러스로 보고 연구에 돌입했지만 감염자들의 수가 빠른 속도로 늘고 있습니다.
원인불명 전염병 유행
News 24
박사님, 저거예요. 친구들도 민지도 모두 전염병에 걸린 것 같다고요.
심각한걸…. 바이러스의 정체도 모르면 치료하기 쉽지 않을 텐데….
그래! 민준아, 우리가 직접 바이러스의 정체를 확인해서 치료제를 만들자. 저 레이저를 맞으면 바이러스 크기로 작아질 수 있잖니!
박사님은 역시 천재예요! 시간이 없어요. 지금 당장 가자고요!
좋았어~! 그럼 간다~!
지이잉
우와와와와와!

1장

정체불명 전염병이 나타났다!

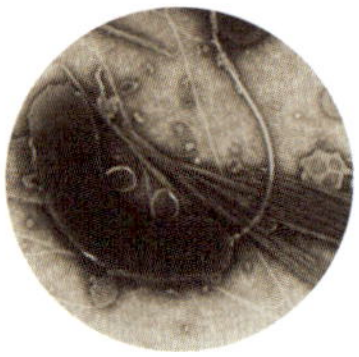

병원체의 정체를 밝혀라

“박사님, 도대체 여기가 어디예요?”

작아진 민준과 나백신 박사는 민지의 콧구멍을 통해 콧속으로 들어왔어요.

“기도를 쭉 따라가면 폐가 나오고 이어 몸속 깊은 곳으로 더 들어갈 수 있을 게다. 우선 기침이 난다고 하니 폐부터 살펴보자. 따라오렴.”

콧구멍을 지나자 붉은 벽에 캄캄한 동굴이 나왔어요. 나백신 박사는 미리 챙겨 온 손전등을 켜고 민준을 이끌었어요.

“박사님, 그런데 아까 말씀하신 ‘바이러스’란 게 도대체 뭐예요? 뉴스에서도 이야기하던데…….”

낯선 환경에 어느덧 익숙해진 민준은 다시 정신을 차리고 나백신 박사에게 병에 대해 묻기 시작했어요.

“바이러스는 감염성을 가진 아주 작은 크기의 병원체란다. 세균보다도 작아서 보통 현미경으로는 볼 수조차 없지. 너무 작다 보니 바이러스의 존재 자체도 1900년대에 이르러서야 밝혀졌어. 바이러스는 다면체이거나 막대처럼 가늘고 긴 모양, 공 모양 등 다양한 형태를 띠고 있어. 껍질은 단백질로 이루어져 있고 그 안에 DNA나 RNA같이 생존에 필요한 기본 물질인 핵산이 있지. 이제 폐에 거의 다 왔다.”

바이러스 VS 세균

바로 그때였어요. 민준이 나백신 박사 뒤를 가리키며 말했어요.

"박사님, 그럼 혹시……, 저거……."

"어? 뭔데……?"

뒤를 돌아본 나백신 박사는 놀라 말했어요.

"바이러스다!"

큰 목소리에 놀란 민준이 나백신 박사의 입을 막으며 말했어요.

"박사님, 쉿, 들키겠어요! 근데 바이러스가 뭐 하고 있는 거예요?"

"세포 속으로 유전물질(DNA 또는 RNA)을 주입하고 있구나. 세포 안에서는 이 유전물질을 복제해서 자신과 같은 바이러스를 만들어 내겠지. 수가 충분히 늘어나면 세포를 뚫고 나와서 다른 세포에 또 유전물질을 넣고 증식하는 과정을 반복하면서 인체를 감염시키는 거야. 세포는 바이러스에게 먹이와 증식할 장소를 제공하는 숙주* 인 셈이지."

"그래서 불만이라 이건가?"

민준과 나백신 박사 뒤에서 낯선 목소리가 들려왔어요. 누군지 뒤를 돌아보자 바이러스였어요.

"그럼 우리 종족이 얼마나 무서운지도 알겠네? 독감, 수두, 천연두,

---

* 숙주: 혼자 살아갈 능력이 부족한 생물이 다른 생물에게 일방적으로 영양분을 얻으며 살아가는 것을 기생이라고 해요. 이때 기생하는 생물을 기생체, 기생의 대상을 숙주라고 해요.

에이즈, 광견병은 물론이고 최근에 떠들썩했던 에볼라, 메르스도 모두 바이러스성 전염병인 건 알지?"

나백신 박사는 바이러스 몰래 민준에게 작은 목소리로 속삭였어요.

"민지와 친구를 감염시킨 그 바이러스일지도 몰라. 우리의 목적을 숨기고 최대한 정보를 모아야 해."

민준이 조용히 고개를 끄덕이며 말했어요.

"알겠어요. 그런데 뭘 알아내면 되는 거죠?"

나백신 박사의 핵심노트

바나나가 멸종한다고?

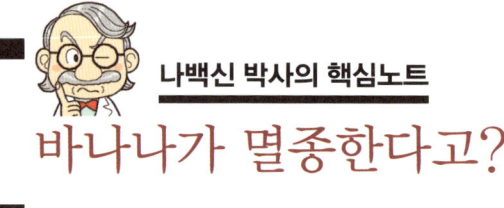

2014년 봄, 바나나의 멸종을 우려하는 목소리가 전 세계 뉴스를 통해 퍼져나갔어요. 파나마 병이라는 바나나 전염병이 중동 아프리카로 빠르게 퍼져나가고 있다는 소식이었지요. 파나마 병은 바나나 뿌리를 공격하는 TR4라는 곰팡이 균 때문에 생기는 병이에요. 감염되면 바나나가 열매를 맺지 못하고 시들어 버린답니다. 최초의 파나마 병은 110여 년 전인 1903년 발견됐어요. 아시아 지역에만 있던 TR4균이 중남미로 퍼졌고 그 과정에서 그로스 미셸Gros Michel이라는 바나나 품종이 실제로 멸종되기도 했답니다. 그로스 미셸은 현재 우리가 일반적으로 먹는 바나나 품종인 캐번디시Cavendish보다 당도가 높고 풍미가 좋았어요. 뿐만 아니라 장거리 이동에도 강하고 변질이 적어 뛰어난 상품성을 자랑하던 종이었지요. 하지만 안타깝게도 멸종돼 이제 맛볼 수 없게 되었답니다.

그 자리를 대신한 것이 캐번디시 품종이에요. 현재 전 세계 바나나 수출 비중의 약 96%를 차지하고 있지요. 문제는 캐번디시도 TR4에 대한 내성이 거의 없어 한 번 감염되면 속수무책이라는 거예요. 게다가 백신도 없고 전염 속도가 빨라서 전문가들은 20년 내 캐번디시 품종도 멸종할 수 있다는 의견을 내고 있어요. 현재 백신 개발이 활발히 진행 중이라고 하는데, 바나나의 멸종을 막기 위한 보다 근본적인 해결책은 처음부터 다양한 종의 바나나를 생산하는 것이 아닐까요.

"우선 바이러스의 종류부터 알아내자. 바이러스는 수백 종이 넘는데 핵산의 종류에 따라 DNA와 RNA 바이러스로 나누어지지. RNA 바이러스는 DNA 바이러스에 비해 구조가 불안정해서 변이가 쉽게 일어나지. 또 바이러스는 숙주에 따라 동물, 식물, 곤충, 세균 바이러스로 나뉜단다. 보통 전염은 동물은 동물끼리, 식물은 식물끼리, 곤충은 곤충끼리만 이루어지는데 최근에는 인수공통전염병이라고 해서 동물 사이에서만 전염되던 병이 인간을 전염시키기도 해."

"인수공통전염병이요?"

낯선 단어에 고개를 갸우뚱한 민준이 나백신 박사에게 물었어요.

"이름이 생소하지? 대표적인 것으로 메르스나 조류독감, 광견병, 광우병이 있어. 메르스는 낙타에서, 조류독감은 닭, 오리, 야생조류에서, 광견병과 광우병은 개와 소에게서 온 전염병이지."

소곤거리는 나백신 박사와 민준 앞으로 이번엔 길쭉한 막대 모양의 세균이 나타났어요. 민준이 다급한 목소리로 박사님께 물었어요.

"박사님, 또 다른 바이러스인가 봐요!"

나백신 박사는 민준의 손가락을 따라 시선을 옮기고는 말을 이었어요.

"아, 저건 세균이란다. 세균도 전염병을 일으킬 수 있지. 흑사병이라고 들어봤니? 14세기 유럽 인구의 1/3을 앗아간 무서운 병이었는데 페스트균이 원인이었어. 흔하게는 폐렴과 결핵도 세균이 원인이란다. 또 얼마 전 주한 미군부대로 살아 있는 탄저균이 배달돼 논란이 된 적이 있었지? 세균인 탄저균은 탄저병을 일으키는데, 전염성이 강해서 최근에는 생화학 무기가 될 위험성에 대한 우려가 많지. 문둥병, 나병이라 불리는 한센병도 세균성 전염병이란다."

"바이러스와 세균은 어떻게 달라요?"

민준의 질문에 나백신 박사가 설명했어요.

"일단 아까도 말했듯이 크기부터 다르단다. 세균은 보통 크기가 몇 마이크로미터(㎛, 1미터의 100만분의 1)란다. 하지만 바이러스는 세균의 평균 크기의 1000분의 1 정도로 둥근 모양은 지름이 수십 나노미터(㎚), 막대 모양은 수백 나노미터에 불과해. 또한 세균은 바이러스와 달리 자체적으로 양분을 만들고 증식하는 대사가 가능하기 때문에 바이러스처럼 세포에 기생하지 않고도 세포를 파괴해 병을 일으킬 수 있지.

이외에도 원생동물과 진균류가 전염병을 일으킬 수 있지만…….”

“아이고, 박사님. 원생동물은 뭐고, 진균류는 또 뭐예요? 쉽게 좀 설명해 주세요.”

나백신 박사의 설명에 민준이 머리카락을 부여잡고 말했어요.

“아, 미안! 원생동물은 쉽게 말해 핵과 소기관을 가진 단세포 생물이야. 말라리아는 원생동물인 말라리아 원충이 병을 일으키지. 진균류는 효모나 버섯, 곰팡이처럼 균사(菌絲, 균류의 영양체)로 이루어진 다세포 생물로, 광합성을 하지 않고 다른 생물이 만든 양분으로 살아간단다. 발이나 손에 하얗게 곰팡이가 생기는 무좀은 진균류가 일으키는 전염병이지. 다행히도 그 둘은 지금 보이지 않는 걸로 봐서 민지나 친구들이 앓고 있는 병은 세균이나 바이러스가 일으킨 것 같구나.”

설명을 다 들은 민준은 입을 꾹 다물고 낮은 목소리로 말했어요.

“알겠어요. 박사님. 전염병, 만만치가 않네요. 그럼 이제 본격적으로 정보를 캐 보자고요. 빨리 친구들 병을 낫게 해야죠!”

민준과 나백신 박사는 결연한 표정으로 바이러스와 세균을 바라봤어요.

병원균을 발견한 역사적인 인물들

미생물을 처음 발견한 안톤 판 레이우엔훅

네덜란드의 렌즈 가공업자였던 레이우엔훅은 1673년 최초로 렌즈를 통해 미생물을 관찰하는 데 성공했어요. 그는 자신이 관찰한 것을 그림으로 남겨 놓았는데, 지금 봐도 무엇인지 구분이 가능할 정도로 스케치가 잘 되어 있다고 해요. 이후 그는 많은 과학자들에게 영향을 미쳤죠. 그중 루돌프 피르호는 1838년 현미경을 통해 사람도 세포로 구성되어 있음을 발견했어요. 또한 질병은 세포에 이상이 생겨 발생하며, 세포를 관찰하면 어떤 질병인지 알 수 있다는 사실을 알아내 병리학이라는 새로운 분야를 개척했답니다.

레이우엔훅

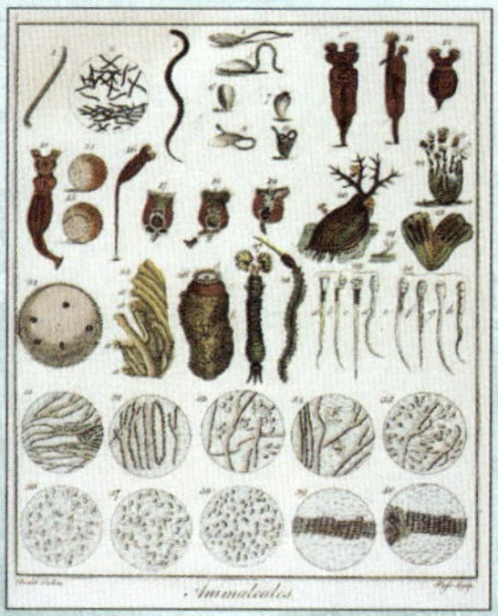

레이우엔훅이 스케치한 미생물

세균학의 아버지, 로베르트 코흐

로베르트 코흐

독일의 세균학자로 1870년대 현미경을 이용해 각종 전염병의 원인을 알아냈어요. 1876년에는 탄저균을, 1882년에는 결핵균을, 1885년에는 콜레라균을 발견했어요. 1905년에는 결핵균을 발견한 공로로 노벨 생리의학상을 수상하기도 했지요. 세균을 과학적으로 연구할 수 있는 기틀을 마련해 세균학의 아버지로 불린답니다. 또 전염병을 일으키는 특정 병원균이 있고 각각의 병원균은 식별할 수 있다고 주장했어요. 결핵균을 발견한 이후에는 결핵 치료약 연구에 몰두해 결핵 진단에 사용하는 투베르쿨린을 만들기도 했어요.

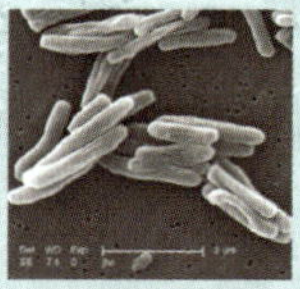

코흐가 발견한 결핵균

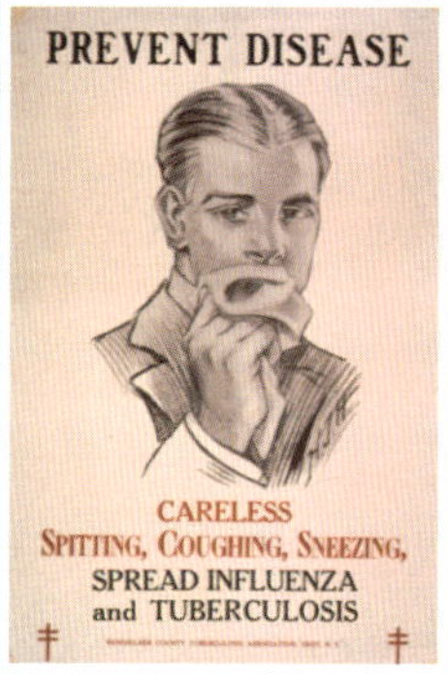

1920년대 결핵 전파를 막기 위한 캠페인용 포스터. 기침, 콧물, 가래 등으로 전파될 수 있는 결핵의 특징을 담은 포스터로, 한 남자가 손수건으로 입을 가리고 있다.

백신 개발의 창시자, 루이 파스퇴르

프랑스의 생화학자로 전염성 질병의 원인이 병원성 미생물 때문이라는 사실을 알아냈어요. 그 외에도 저온살균법, 광견병, 닭 콜레라의 백신 등을 개발했답니다.

루이 파스퇴르

병원균 발견의 역사

연도	발견자	발견균	질병
1873	한센	한센간균	한센병
1876	코흐	탄저균	탄저병
1879	나이서	임균	임질
1881	파스퇴르, 스턴버그	폐구균	폐렴
1882	코흐	결핵균	결핵
1883	코흐	콜레라균	콜레라
1884	뢰플러	디프테리아균	디프테리아
1892	화이퍼	헤모필루스 인플루엔자	수막염, 후두개염 등
1905	샤우딘, 호프만	트레포네마 팔리듐균	매독
1906	보르데, 장구	백일해균	백일해
1911	매코이, 샤팽	야토균(프란시셀라 툴라렌시스)	야토병
1915	이나다, 이도	렙토스피라 나선균	렙토스피라병
1976	브레너	레지오넬라	폐렴
1983	마셜, 워런	헬리코박터 파이로리	만성위염

토론왕 되기

전염병 괴담, 어떻게 대처해야 할까요?

중세의 마녀사냥을 그린 그림

전염병이 유행하면 사실에 근거하지 않은 각종 괴담이 돕니다. 낯선 병에 대한 공포심 때문인데요. 문제는 근거 없는 소문 탓에 피해를 보는 사람들이 생기는 거예요. 어떻게 하면 정확한 정보와 소문을 구분할 수 있을까요? 또 근거 없는 괴담은 어떤 피해를 낳을까요? 올바른 정보를 바탕으로 전염병에 대응하기 위해서는 어떻게 해야 할까요?

2015년 6월 대한민국은 메르스에 맞서 힘든 시기를 보냈어요. 이로 인한 소문 중 하나가 바셀린을 코 속에 바르면 메르스를 예방할 수 있다는 내용이었어요. 바이러스는 수용성으로 호흡기를 통해 쉽게 전염되는데, 바셀린이 지용성이기 때문에 수용성인 바이러스가 체내로 침투하는 것을 막아준다는 것이죠. 실제로 불안한 마음에 바셀린을 코 속에 바르는 사람도 많았다고 하는데, 의학적으로 근거 없는 유언비어로 판명이 났어요.

안타까운 일도 많았어요. 2015년 6월 정부는 메르스 환자를 치료하는 의료진이나 격리자 자녀의 등교와 수강을 거부하는 학교와 학원에 행정처분을 내린다는 발표를 했어요. 이유는 메르스 환자를 진료하는 의료진이나 격리자 가족을 메르스 '보균자'로 분류해 등교와 수강을 거부하는 일이 발생했기 때문이에요. 실제로 대전의 한 초등학교와 서울의 한 중학교에서는 메르스 환자가 발생한 병원 의료진의 자녀들을 골라 귀가시켰고 수원의 한 유치원에서는 부모가 메르스 집중치료병원 간호사라는 이유로 6세 원아의 등원을 거부하기도 했어요.

나이지리아에서도 오랜 시간 소아 백신의 예방접종과 관련된 괴담과 싸워야 했답니다. 지금은 백신 접종으로 예방이 가능한 소아마비가 일부 지역에서는 아직도 발생하고 있는데, 대표적인 곳이 나이지리아예요. 나이지리아 내에서 소아마비 백신이 불임을 유발하고 에이즈를 감염시킨다는 헛소문이 퍼지면서 사람들이 백신 접종을 거부하기 시작했어요. 게다가 '백신이 돼지고기 성분으로 만든 것'이라는 소문까지 돌았어요. 나이지리아 북부는 무슬림 주민이 압도적으로 많은 지역으로 돼지고기는 무슬림이 금기시하는 음식인 탓에 백신을 거부하는 움직임이 거셌답니다. 전 세계는 나이지리아에 진실을 알리기 위해 힘썼어요. 사우디의 이슬람 율법학자들이 나이지리아에 와서 '백신은 할랄(이슬람교도들에게 허용된 것)이다'라고 무슬림 지도자들에게 설명하는가 하면, 유니세프는 지역민 1만 6000여 명을 조직해 이웃을 설득하게 했어요. 그렇게 10년을 헛소문과 싸운 끝에 드디어 2015년 처음으로 소아마비 환자가 발생하지 않았어요. 그만큼 백신을 맞은 사람이 늘어난 거죠.

사실 전염병에 대한 괴담은 중세 서양에도 있었어요. 당시 교회에서 유럽 전역을 죽음으로 내몬 페스트의 창궐이 마녀 때문이라고 몰아 50만 명에서 80만 명의 여성이 처형됐지요. 마녀사냥은 기독교인들이 이교도를 몰아내는 데 사용됐답니다. 또 교회에서 재정 확보를 위해 돈 많은 여자들을 마녀로 몰아 처형하고 재산을 몰수하기도 했죠. 평소 미워하고 있던 사람을 마녀나 악마로 몰아 처형하기도 했어요. 특정 집단이 자신들의 이익을 위해 사람들의 공포를 이용했던 것이죠.

이처럼 전염병에 대한 괴담은 억울한 사람을 죽이기도 하고, 상처 주기도 하며, 실제 병 치료에 걸림돌이 되기도 해요. 전염병의 괴담 속에서 어떻게 하면 진실을 찾고 현명하게 대처할 수 있을까요? 다 함께 생각해 봐요.

다음 중 병원체의 종류와 전염병이 잘못 연결된 것은 무엇일까요?

① 세균–탄저병
② 바이러스–천연두
③ 리케차(Rickettsia prowazekii)–발진티푸스
④ 원생동물–말라리아
⑤ 진균류–에볼라

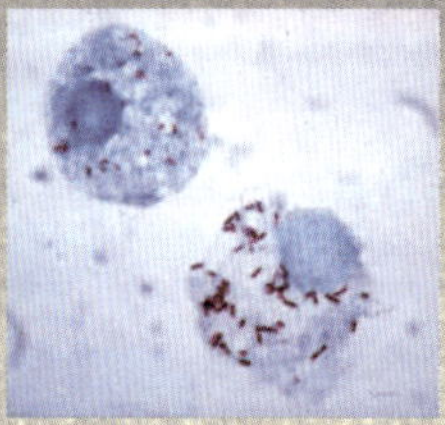

리케차

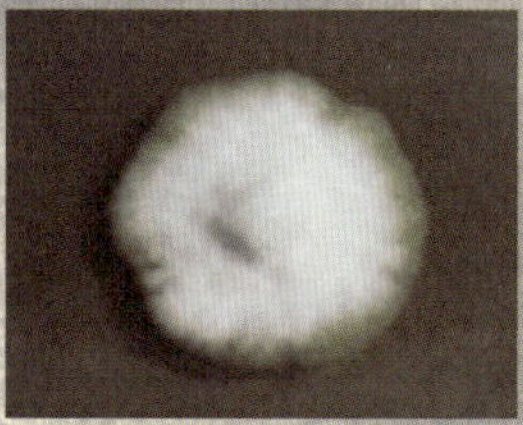

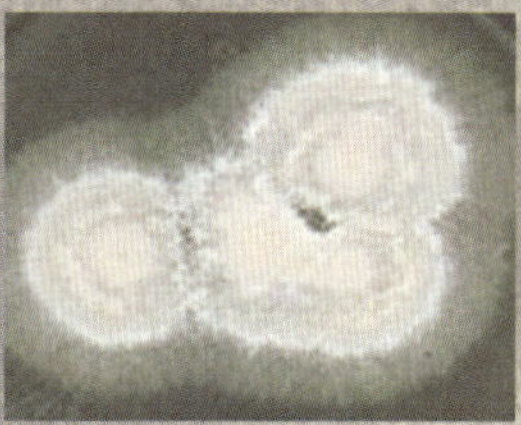

무좀 원인균인 진균류

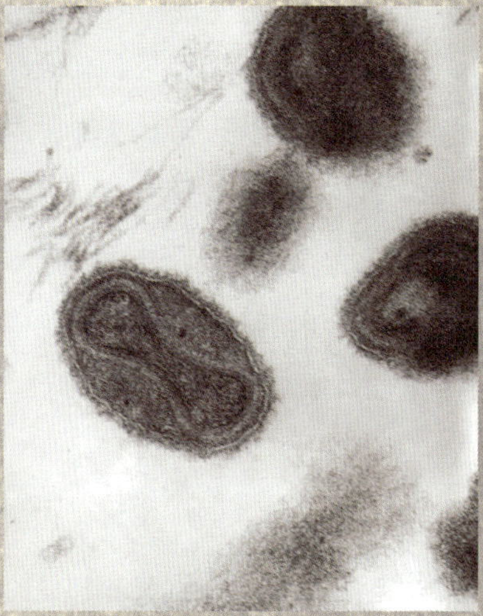

천연두 바이러스

정답 ⑤ 진균류–에볼라

전염병을 일으키는 대표적인 병원체의 종류는 세균과 바이러스, 리케차, 원생동물, 진균류예요. 그중 에볼라는 필로바이러스과에 속하는 바이러스가 일으키는 감염병이에요. 진균류가 일으키는 전염병으로는 무좀과 백선 등이 있답니다.

2장

전염병, 역사를 바꾸다

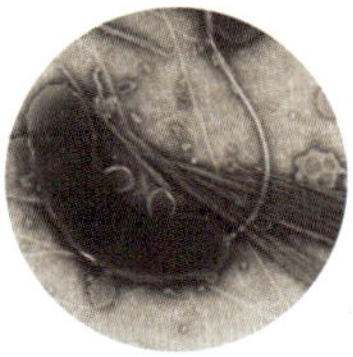

전쟁의 승패를 가르다

"너흰 누구냐? 처음 보는 미생물인데……. 우리 종족 같지는 않고."

세균과 바이러스가 민준과 나백신 박사를 향해 물었어요.

"혹시 세균과 바이러스? 세계 역사를 바꿀 정도로 대단한 위력을 가졌다고 들었는데, 직접 만나게 되다니 정말 영광인걸!"

나백신 박사가 시치미를 떼고 말하자 세균이 어깨에 힘을 주고 으스대며 말했어요.

"얘들이 우릴 좀 아나 본데? 우리가 좀 대단하긴 하지. 우리 소개부터 할까. 이 친구는 바이러스 X, 나는 세균 Z야. 사실 인류사는 전염병의 역사라 해도 과언이 아니야. 역사학자들은 로마가 멸망하는 데 천연두와 말라리아의 영향이 컸다고들 하지. 계속 영토를 넓혀 가며 전성기를 누리던 로마에 말라리아가 유행하면서 많은 사람들이 죽었고, 자연히 국력도 쇠약해졌다고 말이야. 어디 그뿐인가? 1812년 나폴레옹이 러시아를 정벌하러 갔을 때 폴란드에서 프랑스군의 2/3가 발진티푸스에 걸려 모스크바에 도착했을 때는 50만 병력 중 9만 명밖에 남지 않았지. 결국 나폴레옹은 독일로 후퇴해 야망을 포기할 수밖에 없었어. 전염병 때문에 역사가 바뀐 셈이지."

이때 바이러스 X가 끼어들며 말했어요.

"특히 우리의 정체를 모르는 사람들의 공포심은 어마어마했지. 원인도 모르고 치료나 예방도 못 하는 상황이라 감염되면 속수무책으로 병에 걸리거나 죽곤 했으니까. 전염병에 대한 사람들의 공포는 사회 분위

기에도 큰 영향을 미쳐서 미신과 주술이 난무하고 엉뚱한 사람을 마녀로 몰아 희생시키기도 하더군. 그런데 1676년에 레이우엔훅이란 사람이 현미경으로 세균을 발견하더니, 1900년대에는 전자현미경으로 바이러스까지 보기 시작하면서 우리의 정체가 세상에 알려진 거야."

바이러스 X의 말에 고개를 끄덕이던 세균이 말을 이었어요.

"그런데 너희, 병과 전염병이 어떻게 다른지는 아는 거야?"

머뭇거리는 민준의 손을 잡으며 나백신 박사가 대답했어요.

"너희 같은 병원체가 사람이나 동물의 몸속에서 수를 늘리면 병이 생기는 거지. 이 병이 다른 사람에게도 전달되면 전염병이 되는 거야. 매개체도 다양해서 콜레라나 장티푸스는 물론, 홍역이나 감기, 디프테리

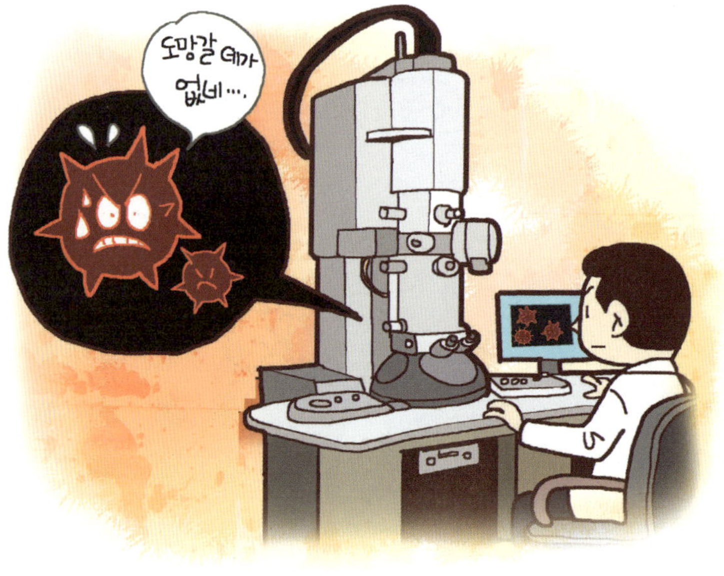

아, 결핵은 공기로, 일본뇌염이나 말라리아는 모기로 감염되지. 전염 속도도 빨라서 짧은 시간 내에 치명적인 결과를 일으키는 것이 특징이야."

나백신 박사의 설명에 세균 Z와 바이러스 X는 흡족한 표정을 지었어요. 이어 세균 Z가 말을 덧붙였어요.

"제법 잘 아는걸. 그럼 그 치명적인 결과도 자세히 알고 있나? 천연두나 흑사병(페스트)의 초기 치사율은 90%가 넘었다고. 중세는 우리 세균성 전염병의 시대였지."

세균의 말을 듣고 민준이 울먹거리기 시작했어요.

"박사님, 이게 사실이에요? 그럼 민지는요? 친구들은요? 모두 어떻게 되는 거예요?"

나백신 박사가 민준을 다독이며 말했어요.

"너무 걱정하지 마라. 과거에 전염병이 유행했을 때는 원인도, 치료법도 모른 탓에 많은 사람들이 희생됐지만, 이제는 인간도 백신을 개발하고 치료법을 찾기 시작해 예전보다는 전염병으로 죽는 환자가 많이 줄었단다. 콜레라도 치료할 경우 치사율(특정 질환에 의한 사망자 수를 환자 수로 나눈 것)이 1% 미만이고, 천연두도 30~50%까지 치사율을 낮췄어. 지금은 걱정보다는 방법을 찾는 데 힘쓰자꾸나."

민준은 나백신 박사의 말에 고개를 끄덕이며 결연한 표정을 지었어요.

인류의 목숨을 앗아간 역사 속 전염병 (사망자 수)

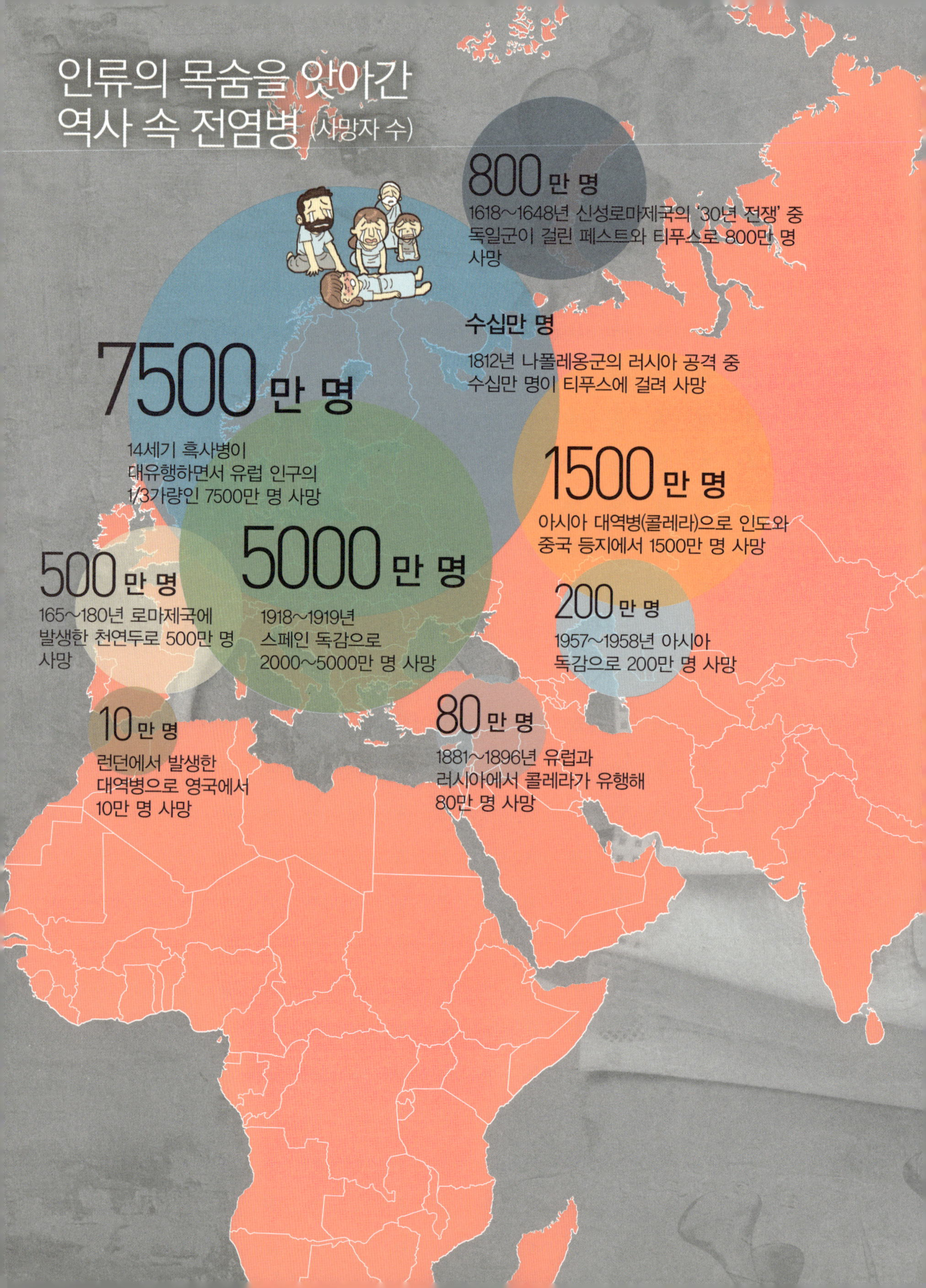
800만 명
1618~1648년 신성로마제국의 '30년 전쟁' 중 독일군이 걸린 페스트와 티푸스로 800만 명 사망
수십만 명
1812년 나폴레옹군의 러시아 공격 중 수십만 명이 티푸스에 걸려 사망
7500만 명
14세기 흑사병이 대유행하면서 유럽 인구의 1/3가량인 7500만 명 사망
1500만 명
아시아 대역병(콜레라)으로 인도와 중국 등지에서 1500만 명 사망
500만 명
165~180년 로마제국에 발생한 천연두로 500만 명 사망
5000만 명
1918~1919년 스페인 독감으로 2000~5000만 명 사망
200만 명
1957~1958년 아시아 독감으로 200만 명 사망
10만 명
런던에서 발생한 대역병으로 영국에서 10만 명 사망
80만 명
1881~1896년 유럽과 러시아에서 콜레라가 유행해 80만 명 사망

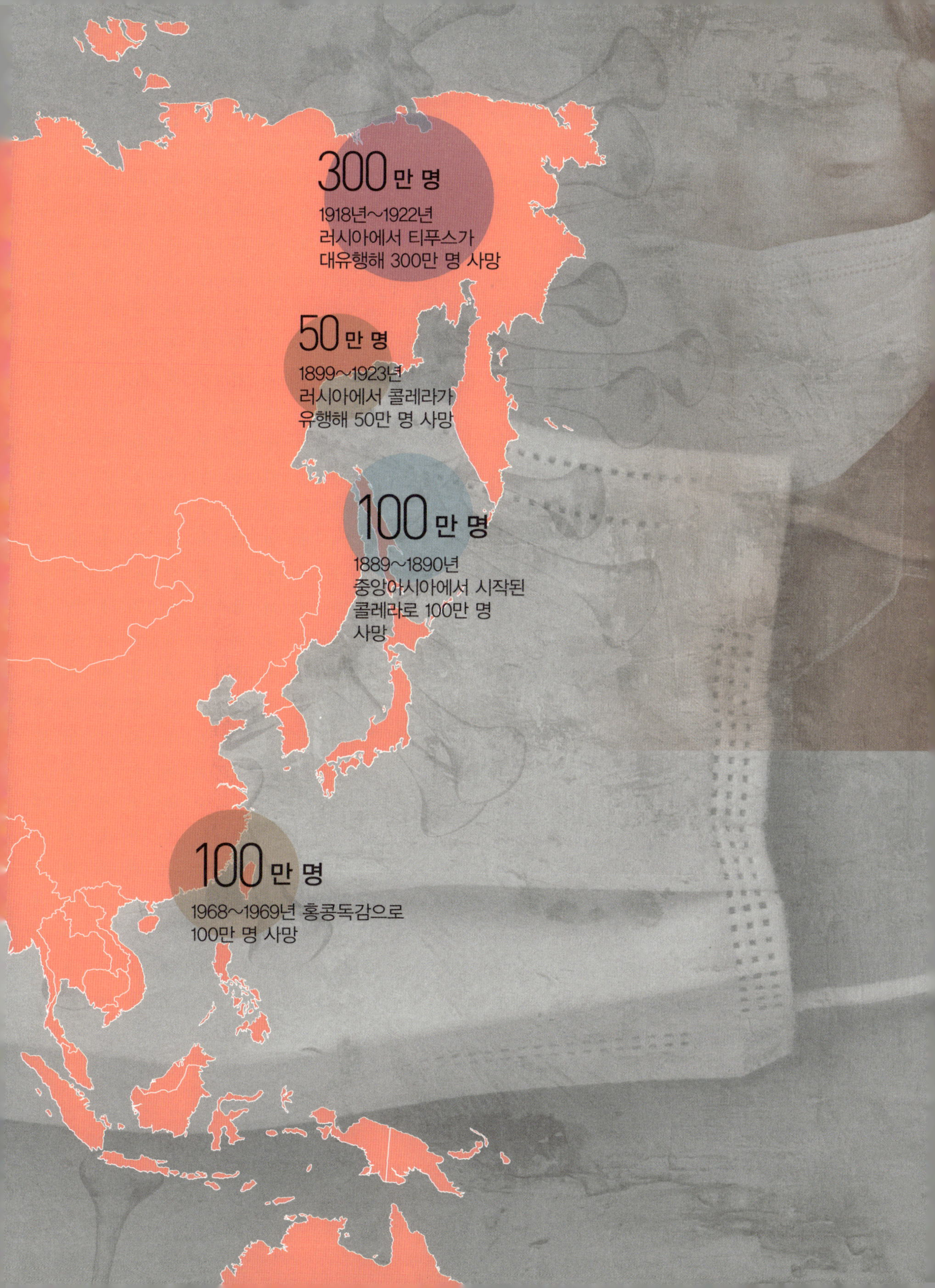
300만 명
1918년~1922년
러시아에서 티푸스가
대유행해 300만 명 사망
50만 명
1899~1923년
러시아에서 콜레라가
유행해 50만 명 사망
100만 명
1889~1890년
중앙아시아에서 시작된
콜레라로 100만 명
사망
100만 명
1968~1969년 홍콩독감으로
100만 명 사망

중세 유럽을 공포로 몰아넣은 흑사병

콜레라, 천연두 등 자신의 가족사 자랑에 신이 난 세균이 말했어요.

"이야기를 하면 할수록 참 우리 종족이 대단하단 말이야. 아하! 설명보다는 눈으로 직접 확인하는 게 더 낫겠지? 이 아이의 몸속에서 해야 할 일이 많긴 하지만 오랜만에 시간 좀 내서 조상님들을 뵙고 올까?"

신이 나 혼잣말을 하던 세균이 민준과 나백신 박사를 불렀어요.

"거기, 신참 미생물들. 자, 내 손을 잡아. 바쁘신 몸이지만 기왕 이야기가 나온 김에 내가 제일 존경하는 세균 조상님을 만나게 해 줄 테니 영광으로 알라고."

민준과 나백신 박사가 고개를 갸우뚱하자 세균이 소리쳤어요.

"뭐야? 시간 여행이 처음이란 말야? 학교에서 안 해 봤어? 너흰 어느 미생물 학교를 나온 거니? 그럼 이번 기회에 내가 가르쳐 줄게. 바이러스 X, 너도 같이 가자. 병원체의 역사에 또 너희 종족을 뺄 순 없잖아."

"난 바빠. 너희끼리 다녀와."

시큰둥한 바이러스 X의 반응에 민준과 나백신 박사가 눈빛을 교환하며 소곤거렸어요.

"민준아, 바이러스의 정체를 알기 위해선 바이러스 X를 여행에 꼭 데려가야 한단다. 그 틈에 민지의 면역계도 바이러스 X에 대항할 준비를 더 할 수 있고 말이야."

민준은 입을 굳게 다물고 고개를 끄덕였어요. 그러고는 적극적으로 바이러스 X에게 말했어요.

"같이 가자. 전염병의 위력을 보여주는 여행에서 중요한 바이러스가 빠져서야 되겠어?"

바이러스 X는 민준의 말에 어깨를 으쓱하며 말했어요.

"그렇게 원한다면, 바쁘지만 시간을 내주지."

그러자 세균 Z는 민준과 나백신 박사, 바이러스 X를 바라보며 외쳤어요.

"자, 그럼 이제 14세기 유럽으로 떠나자."

"14세기? 우워어."

민준과 나백신 박사는 순간 정신이 아득해졌어요.

"도착했다!"

선원들의 외침에 민준과 나백신 박사는 정신이 들었어요. 항구처럼 보이는 곳에 배 열두 척이 차례로 정박하고 있었어요.

"1347년, 시칠리아의 메세나 항이야. 지금 배에서 내리는 사람들은 카파에서 온 제노바 선원들이지. 카파는 당시 제노바 식민지여서 제노

바 선원들이 많이 다니고 있었어."

세균 Z의 설명에 따르면 마을에 원인을 알 수 없는 열병이 퍼지자, 고열과 오한이 생기고 겨드랑이와 목 등에 단단한 멍울이 생기는 사람들이 늘어났다고 해요. 열이 계속해서 올라 혼수상태에 빠지는 사람들도 생겨났지요.

"흑사병의 전형적인 증상이야. 죽기 전 피부가 검붉은 색으로 변한다고 해서 흑사병이라 불렀지. 일주일 전 카파에서 온 제노바 선원들을 통해 전염되기 시작했어. 카파는 얼마 전까지만 해도 타타르(몽골) 군대에 포위돼 있었어. 그러다 타타르군이 물러가면서 생필품을 구입하기 위해 메세나 항에 들른 거였지."

세균 Z가 민준을 향해 아리송한 표정으로 설명하자 민준이 나백신 박사에게 물었어요.

"근데 그게 흑사병과 무슨 상관이 있어요?"

민준의 질문에 나백신 박사가 나지막이 중얼거렸어요.

"문제는 타타르군이었지. 타타르군 사이에서 당시 흑사병이 유행하고 있었거든. 제노바 선원들도 타타르군과 접촉하다 감염된 상태에서 메세나 항에 온 거지."

세균 Z가 맞장구를 치며 말을 이었어요.

"바이러스 X 말이 맞아. 내가 학교에서 배운 우리 세균사의 기록을 보면 이 병은 6개월 내내 이탈리아 전역을 휩쓸고 1348년에는 프랑스 전역을 점령했어. 그다음 해에는 영국에, 그다음 해(1350년)에는 북유럽과 러시아, 그린란드까지 퍼져나갔지. 인간의 역사에서도 노르웨이 선박이 15세기 초에 새 이주민을 싣고 그린란드에 도착했을 때 생존자가 전혀 없었다는 이야기가 전해지고 있어. 5년도 안 되는 짧은 시간에 우리 조상님이 전 유럽을 휩쓴 거지."

"그럼 도대체 얼마나 많은 사람이 죽은 거지? 어떻게 그렇게 빨리 퍼질 수 있었던 거야?"

민준이 믿을 수 없다는 듯이 묻자 이번에도 세균이 큰 소리로 말했어요.

"좋은 질문이다! 유럽 인구의 1/3 가까이 되는 약 7500만 명의 사람들이 흑사병으로 사망했지. 당시 활약한 세균은 '예르시니아 페스티스 Yersinia pestis', 즉 흑사병을 일으키는 균으로 페스트라 불리지. 몸속에 작은 콩처럼 생긴 기관을 림프절이라고 하는데, 페스트균은 림프절을 통해 몸 곳곳으로 퍼지면서 림프절을 붓게 하고 피부 속에서 출혈을 일으켜. 페스트균 자체도 염증을 일으키고 독성물질을 뿜어내기 때문에 균이 퍼지면 혈관과 신체 장기가 손상돼서 결국 죽게 되는 거야."

바로 그때였어요.

"우왓! 저게 뭐야? 쥐예요?"

거리를 활보하는 쥐들에 놀란 민준이 소리치자 세균 Z가 말했어요.

"오호, 우리의 친구 곰쥐네. 페스트균이 빨리 퍼질 수 있었던 건 당

페스트가 유럽에서 유행했던 14세기 당시 의사들이 감염을 피하기 위해 입었던 복장

사람들 사이에서 흑사병을 옮기는 곰쥐

전 유럽을 휩쓴 흑사병

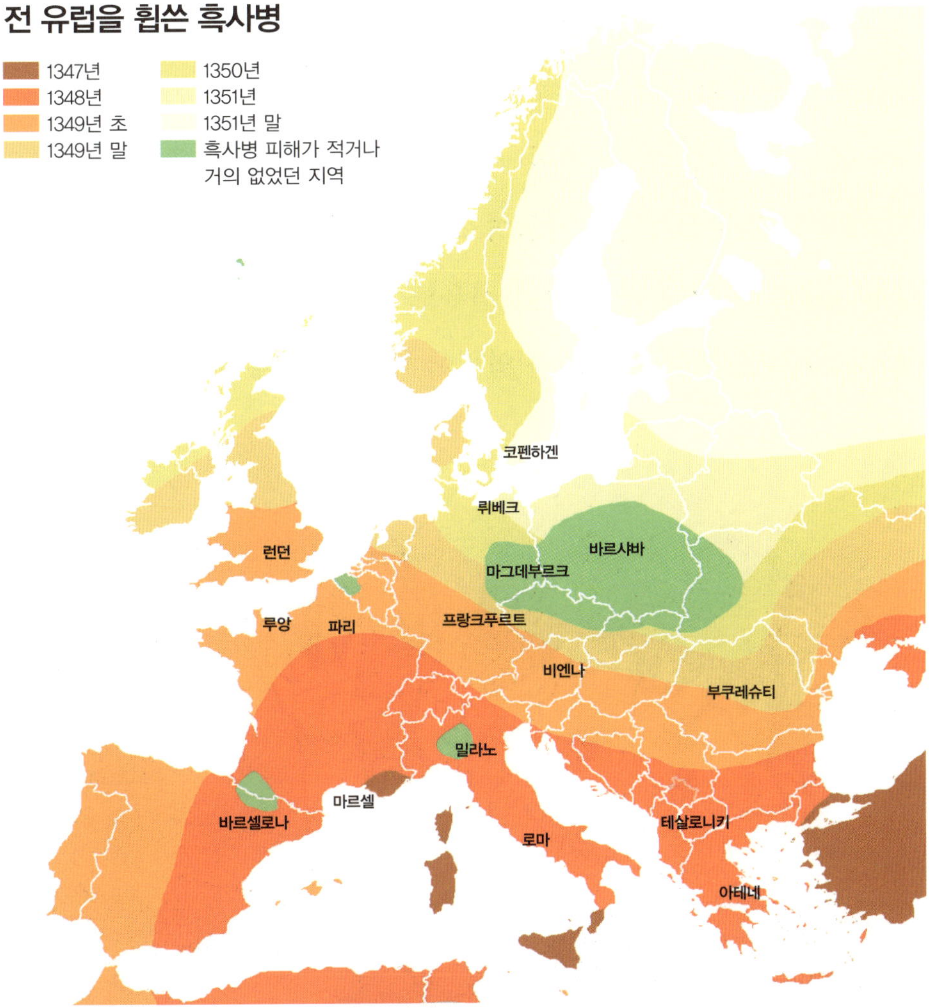

14세기 흑사병 전염 지도

1411년, 토겐부르크 성서에 묘사된 흑사병 환자의 모습

흑사병으로 죽은 사람들의 장례식을 그린 그림

시 유럽 전역에 퍼져 있던 곰쥐 덕분이었어. 우리가 곰쥐를 감염시키자 감염된 곰쥐가 인간 주거지에 침입해 인간을 감염시킨 거지.”

이때 그동안 잠잠했던 바이러스 X가 불쑥 나타나 말을 가로챘어요.

“하지만 당시 인간들이 전염병으로 사회가 혼란한 틈을 타 자신의 욕심을 채우기 위해 동족을 죽인 경우도 많았어. 세균의 존재를 정말 몰라서 그랬던 건지는 몰라도 전염병이 마녀 때문에 퍼졌다는 근거 없는

소문을 퍼트려서 특정 집단이나 죄없는 사람을 주술사나 마녀로 몰아 학살하더군. 세균들이야 적어도 생존 본능 때문에 그런다지만, 인간들이 서로 죽이는 걸 옆에서 보는 우리도 꽤나 충격이었다고."

나백신 박사는 민준을 향해 씁쓸한 미소를 지으며 말했어요.

"같은 사람끼리도 자신의 욕심을 채우기 위해 전쟁이나 테러를 일으키거나 엉뚱한 사람을 마녀로 몰아 죽이는 것에는 정말 할 말이 없구

나."

나백신 박사의 표정을 아는지 모르는지 세균 Z는 신이 나 빨리 다음 장소로 가자고 재촉하며 말했어요.

"이번엔 전염병 병원체 전체를 통틀어 20세기에 가장 악명 높았던 조상님을 소개시켜 주지. 자, 이제 영국으로 가자!"

나백신 박사의 핵심노트

조선시대, 천연두를 치료하는 주문법이 있었다?

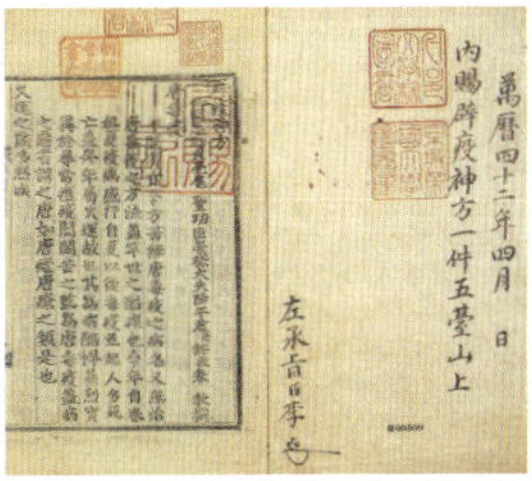

조선시대 성홍열의 치료법을 담은 허준의 『벽역신방』

허준, 전염병 예방서를 만들다

보통 허준 하면 『동의보감』만 생각하기 쉽지만 허준의 책 중에는 전염병(역병)에 대한 의서도 있답니다. 허준이 살았던 16세기 후반~17세기 초반은 잦은 전쟁으로 인해 백성들이 경제적으로 궁핍한 상황에 있던 시기였어요. 당시 이상 기후 현상이 자주 나타나는 데다 전염병까지 돌아 많은 사람들이 죽었답니다.

16세기 후반에는 여름 내내 계속된 전쟁으로 학질이 창궐했고 17세기 초반에는 물난리와 심한 추위가 번갈아 나타나면서 겨울철에 성홍열이 퍼졌다고 적혀 있어요. 또 호열자(콜레라), 두창(천연두), 염병(장티푸스), 이질, 홍역, 한센병 등 다양한 역병(전염병)이 나타났다고 적혀 있지요.

이에 1610년 광해군은 허준에게 전염병에 대비할 수 있는 의학 서적을 편찬할 것을 명했어요. 허준은 1613년 온역(집단으로 앓는 열병) 치료를 위해 『신찬벽온방(新撰壁瘟方)』을, 성홍열(세균성 인후염) 치료를 위해 『벽역신방(壁疫神方)』이라는 책을 펴냈어요.

허준

『동의보감』에도 두창(천연두)에 대한 처방법이 적혀 있는데 신비한 내용도 담겨 있답니다. '태을구고천존(太乙求苦天尊)' 6자를 주문처럼 읽으라고 하는 대목인데, 소리 의학 분야에서 주문을 읽어 병을 치유하는 방법이라고 해요. 또 음력 12월에 매화를 채취하여 말려서 가루를 낸 뒤 환약(알약)으로 만들어 이를 복용하면 천연두가 생기는 것을 예방할 수 있다고 적혀 있어요.

집요한 추적이 막은 콜레라 대참사

민준과 나백신 박사가 도착한 곳은 낯선 영국의 집 안이었어요. 어스름한 불빛이 새어나오는 방 안에서는 누군가가 책상에 앉아 유심히 무언가를 들여다보며 중얼거리고 있었지요.

"1831년 헝가리에서 10만 명 이상, 1832년 런던에서는 2만 명 이상이 죽었고, 1848년에 또다시 유행해서 1만 5000명 이상이 사망했어. 모두 항구 근처에서 시작됐고, 가난하고 열악한 주거 환경에서 많이 발생한 것으로 봐서 오물과 관련이 있는 것 같아."

'저 사람은 누구지?'

책상 위로 빽빽하게 무언가가 적힌 노트와 런던의 지도들을 보며 민준이 생각했어요.

민준의 속마음을 읽기라도 한 듯 세균 Z가 말했어요.

"스노라는 사람이야. 1854년 런던에서 콜레라가 다시 유행했을 때, 전염병이 확산되는 것을 막았지. 우리 세균들이 아주 싫어하는 인물 중 한 명이야."

이어 세균 Z는 못마땅한 표정으로 스노를 바라봤어요.

펼쳐진 지도에는 날짜별로 발병한 환자 수와 사망자 수, 사망자가 발생한 장소와 지하수용 펌프의 위치 등이 표시되어 있었어요.

바로 그때였어요. 유심히 지도를 바라보던 스노가 갑자기 무릎을 탁 치더니 외쳤어요.

"브로드가와 케임브리지가 사이에 있는 펌프를 중심으로 발병자와 사망자가 밀집해 있는 걸 보니 주민들이 마시는 물과 병이 연관돼 있는 게 틀림없어. 지금 당장 주민들을 만나 봐야겠어."

콜레라의 전파 경로를 추적해 재확산을 막은 존 스노

갑자기 자리를 박차고 일어선 스노는 마을로 향할 채비를 했어요. 세균 Z는 급히 민준과 나백신 박사, 바이러스 X에게 손짓을 하며 말했어요.

"같은 해에서는 시간 여행이 불가능해. 스노 주머니에 타. 얼른!"

스노의 주머니를 타고 런던 거리에 나온 민준은 곳곳에서 시체를 부여잡고 우는 사람들과 구토를 심하게 하는 사람들을 봤어요. 민준은 참혹한 모습에 입을 다물지 못하고 물었어요.

"이 마을에 무슨 일이 일어난 거예요? 대체 무슨 병이기에!"

나백신 박사가 참혹한 표정으로 대답했어요.

"콜레라인 것 같구나. 콜레라는 비브리오 콜레라라는 세균에 의해 발생하는 감염성 질환이야. 오염된 음식이나 물을 통해 사람의 몸속으로 들어가는데, 감염되면 심한 설사와 구토를 하지."

바이러스 X가 이어서 설명했어요.

"배탈이 나도 설사와 구토를 하지만 콜레라는 증세가 배탈보다 훨씬 심각하단다. 계속 설사를 하면 몸속의 수분이 부족해지고 전해질 불균형이 생기면서 신장이나 폐에 무리가 가고, 간혹 쇼크 상태에 빠지기도 해. 심한 경우 며칠 안에 죽기도 했는데 당시 사망률이 최대 50%에 이를 만큼 치명적이었다고 들었어. 특히 노인과 아이들은 병의 진행이 빨라서 더 위험했지."

민준과 나백신 박사, 바이러스 X가 콜레라에 대해 이야기를 나누는 동안 세균 Z는 흐뭇한 표정으로 이들을 바라봤어요.

"오호, 콜레라 조상님이 역시 유명하긴 하군. 맞아. 당시만 해도 인간들은 조상님의 정체도, 전파 경로도, 치료법도 몰랐으니까. 하지만 요즘은 항생제가 없어도 며칠 만에 다들 낫더군. 집요하게 치료제를 연구한 인간들 때문에 사망률도 1% 미만으로 형편없어졌어. 스노도 조상님의 감염 경로를 악착같이 찾아다녔다고 하더군. 인간들이란!"

세균이 못마땅한 표정으로 혀를 끌끌 차며 말했어요.

이때 스노가 마을에 도착했어요. 스노는 집집마다 돌아다니면서 식수를 확인하며 말했어요.

"확실히 브로드가에 있는 펌프의 물을 식수로 쓴 집들에서 콜레라 사망자가 월등히 많군. 신기한 건 이 보육원이야. 브로드가 펌프에서 가까운 곳인데도 500명 중 5명의 사망자밖에 안 나오다니 말이야. 이 지역의 평균 사망률이라면 적어도 50명의 희생자는 족히 나왔을 법도 한데……. 직접 확인해 봐야겠어!"

스노는 보육원 앞에 도착해 문을 두드렸어요. 문을 열고 나온 관리인에게 식수에 대해 묻자 관리인이 대답했어요.

"저희는 지하수 펌프 물도 사용하긴 하지만 주로 시에서 공급하는 물을 식수로 쓰는데요. 그런데 그건 왜 물으시는 거죠?"

관리인의 대답에 중요한 사실을 깨달은 스노는 바로 시청으로 달려가 말했어요.

"지금 당장 브로드가에 있는 펌프 손잡이를 제거해야 합니다! 그곳이 감염원이에요!"

당시 콜레라 때문에 골머리를 앓던 시청 직원은 스노의 설명을 듣고 바로 지하수 펌프의 손잡이를 제거했어요. 그러자 며칠 후, 신기하게도 콜레라가 잠잠해졌지요. 상황을 지켜보던 나백신 박사가 말했어요.

"예방의학의 핵심을 보여준 사건이었지. 전염병 예방에서 가장 중요한 건 '원인균을 찾는 것이 아니라 전파되는 경로를 차단하는 것'이거

든. 실제 콜레라균을 발견한 건 이로부터 30년 뒤인 1884년이었단다. 나중에 알게 된 사실이지만 브로드가 펌프와 거리가 채 1미터도 되지 않은 곳에 주택이 있었는데, 그곳 하수관에서 새어나온 구정물이 펌프의 물을 오염시켜서 콜레라균이 늘어난 거였어."

"그렇군요. 그런데 왜 콜레라가 20세기에 가장 유명한 전염병이에요? 이 사건만으로는 그렇게까지 유명하진 않을 것 같은데……."

민준의 질문에 허탈한 표정으로 스노를 바라보던 세균 Z가 기운을 조금 얻은 듯한 목소리로 말했어요.

"사실 콜레라 조상님의 고향은 원래 인도 갠지스 강이라고 들었어. 적어도 2000년 전부터 말이야. 갠지스 강은 생활하수나 오염물질이 걸러지지 않고 흘러드는 곳이라서 사람들은 오염된 물에 노출된 채 살아가고 있었어. 한편에서는 목욕을 하고 다른 쪽에서는 종교 의식을 진행하고, 또 다른 곳에서는 그 물을 길어다가 식수로 썼지. 게다가 수온도 일 년 내내 따뜻해서 콜레라 조상님이 살기에도 좋은 조건이었어. 지금 사람들이 생각하기엔 오히려 병에 안 걸리는 게 이상할 정도랄까."

이어 세균 Z가 설명을 덧붙였어요.

"그래서 19세기 이전부터 콜레라가 드문드문 유행하다가 1817년 여름, 드디어 조상님은 인도 캘커타를 벗어나 1818년 네팔, 1819년 태국, 1820년 중국 광둥에 상륙한 후 1821년 베이징까지 진출했지. 한국에도 많은 환자가 발생했고 1822년 일본에까지 상륙했다고 기록되어 있어. 그런데 그게 끝이 아니었지. 당시 캘커타는 세계적인 항구였기 때문에 콜레라 조상님은 잘 발달된 해상 무역로를 따라 빠른 속도로 전 세계로 퍼져나갔어. 1821년에는 테헤란, 1823년에는 알렉산드리아까지 퍼졌지."

"아무리 그래도 영국까지 어떻게 퍼진 거지? 너무 멀잖아."

세균 Z의 설명에 민준이 말도 안 된다는 표정으로 말하자 이번엔 나백신 박사가 대신 답을 했어요.

"군대 덕분에 퍼질 수 있었던 거지. 당시 캘커타에 영국군이 주둔하고 있었는데 전염병은 아무래도 좁은 장소에 많은 사람들이 모여 생활할수록 빨리 퍼지잖니? 일주일 만에 수천 명이 사망했는데 이것을 콜레라 1차 대유행이라고 불러. 이때까지만 해도 유럽은 안전한 편이었어. 하지만 2차 대유행 때는 유럽도 피해 가지 못했고 1831년 헝가리를 시작으로 영국에까지 퍼지게 된 거야."

"유럽은 전염병 역사에서 빠지지 않는 곳이지. 전염병은 고대 로마를 멸망시켰고 흑사병은 중세를 몰락시켰어. 하지만 유럽인들은 흑사병을 정치에 이용해 마녀사냥을 하기도 했고, 환자의 시체를 전쟁터나 식민지화하려는 곳에 두어서 생화학 무기로 활용하기도 했어. 전염병에 대한 공포심도 높았지만, 모순적이게도 이를 활용하는 능력 역시 뛰어났

콜레라가 처음 유행한
인도 갠지스 강

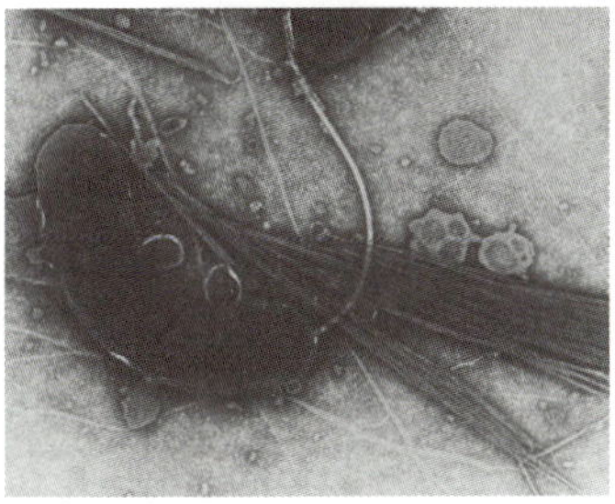

물로 전파되는 콜레라균

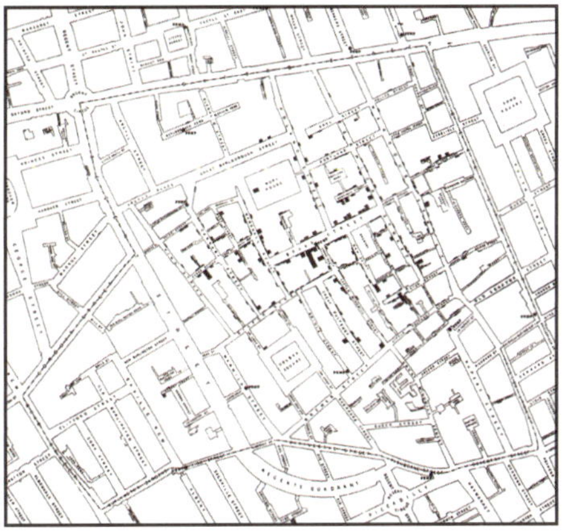

1854년, 존 스노가 콜레라의 전파 경로를 추적하기 위해 콜레라 환자의 발생 지역을 표시한 지도

지.”

설명하는 세균 Z의 표정에 씁쓸함이 감돌자 민준이 물었어요.

“그런데 로마가 전염병으로 멸망했다고? 세계사 책에서는 4세기에 콘스탄티누스 황제가 기독교를 공인하고 수도를 콘스탄티노플로 옮기면서 동로마와 서로마로 나누어졌고, 서로마는 게르만족에 의해 멸망했다고 들었는데……. 나도 세계사에 대해서는 좀 안다고. 겁주려고 일부러 거짓말하는 거 아니야?"

"물론 표면적으로는 그렇지만 로마의 국력 약화에 전염병이 미친 영향력이 크거든."

세균 Z가 대답하자 바이러스 X가 말했어요.

"그럼 이왕 고대 이야기가 나온 김에 고대로 가 보는 건 어때. 우리 둘의 조상은 아니지만 고대를 멸망시킨 '그 전염병'은 최근에도 위세를 떨치고 있잖아. 먼 옛날부터 우리의 위력이 대단했다는 걸 얘들한테 보여주는 것도 괜찮지 않겠어?"

바이러스 X의 말에 세균 Z는 '그 전염병'이 무엇을 말하는지 알겠다는 표정으로 고개를 끄덕였어요.

"좋아, 그럼 다음 목적지로 가 볼까!"

세균의 외침에 다시 한 번 밝은 빛이 민준과 나백신 박사를 덮쳤어요.

나백신 박사의 핵심노트

조선시대를 강타한 콜레라

조선인 100만 명의 목숨을 앗아가다

1807년 756만 1463명이던 조선의 인구는 1835년에는 661만 5407명으로 약 100만 명이 줄었어요. 1820년경에 중국을 거쳐 우리나라에 들어온 호열자(虎列剌, 콜레라)와 기근에 우리 조상들이 속수무책으로 희생 당한 거예요. 『조선왕조실록』을 보면 1821년 9월 18일에 '이 병에 걸린 사람들은 열 명 중 한두 사람도 살아남지 못했다.'라고 기록되어 있을 정도로 치사율이 높았어요. 안타깝게도 1859부터 1860년 사이에 또다시 콜레라가 유행했고, 그 과정에서 50만 명이 더 사망했답니다.

콜레라는 오염된 물로 옮기는 병이라는 뜻에서 수인성 전염병이라고 불려요. 설사와 복통, 구토 등 소화기계 증상이 많지요. 수인성 질환으로는 콜레라 외에도 장티푸스, 비브리오 패혈증, 세균성 이질 등이 있는데, 이러한 수인성 질환으로 매년 200만 명이 목숨을 잃는답니다. 인도의 벵골 만 하구는 콜레라가 많이 발생하는 지역이고, 아이티 지역은 2010년 대지진 이후 콜레라 때문에 9000명 가까이 사망했어요. 이 질환들은 사실 깨끗한 물과 충분한 음식만 있어도 80%는 예방할 수 있는 병이에요.

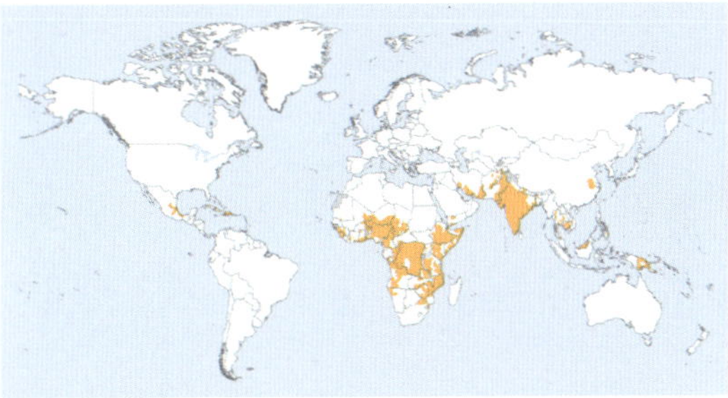

콜레라가 발발한 지역(2010~2013)/ 주로 아프리카와 인도를 중심으로 한 아시아에서 발생했다.

지난 2010년 아이티 지진 발생 후 오염된 물에 노출되면서 피난민들 사이에서 콜레라가 유행했다.

로마 제국을 멸망시킨 말라리아

민준 일행이 도착한 곳은 고대 로마였어요. 뜨거운 태양이 내리쬐는 가운데 수십 명의 사람이 둘러 모여 울고 있었고, 사람들 뒤로 야트막한 언덕들 수십 개가 보였어요.

이때 갑자기 바이러스 X와 세균 Z가 눈을 감고 고개를 숙인 채 나지막이 말했어요.

"5살도 채 되지 않은 어린아이들만 수십 명이 말라리아로 죽었어. 우리도 이런 모습을 보면 미안하다고……."

"말라리아라면 모기에 물려 걸리는 병 말야? 고대 로마를 멸망시킨 게 모기 때문이라고? 에이, 거짓말하지 마! 모기 때문에 수십 명이 죽었다고?"

민준은 믿지 못하겠다는 표정으로 나백신 박사를 바라봤어요. 나백신 박사는 고개를 끄덕이며 슬픈 표정으로 말했어요.

"예전에 봤던 자료가 기억나는구나. 1992년 미국 애리조나의 소렌 교수팀이 고대 로마 시대의 유적지를 발굴하던 중 영아들의 집단 매장지를 발견했지. 유골에 외상 흔적이 없어 DNA를 검사했더니 열대열 말라리아 원충의 유전자가 확인됐다더구나. 그때 발견한 유골만 47구였어."

깜짝 놀란 민준이 나백신 박사를 바라보며 물었어요.

"그럼 세균 Z의 말이 사실이란 말이에요? 모기에 물리면 가렵고 따갑긴 하지만……, 이렇게까지 치명적일 수 있어요?"

나백신 박사가 차근차근 설명해 주었어요.

"물론 모든 모기가 병을 일으키는 건 아니란다. 말라리아는 플라스모디움이라는 원충에 감염되면서 걸리는 병이야. 플라스모디움은 사람을 직접 감염시키지는 못해. 대신 모기를 감염시킨 뒤 감염된 모기가 사람의 피를 빨아먹어 감염시키는 거지. 감염되면 플라스모디움이 몸속으로 들어와 적혈구 안에 자리를 잡고 증식하면서 적혈구를 터뜨려 피 속으

로 유충(애벌레)들을 퍼뜨리는 거야. 각 유충들은 새로운 적혈구에 정착해 같은 과정을 반복하는 거지."

울고 있는 사람들 사이로 갑자기 어린 소녀가 쓰러졌어요.

"감염자가 또 나왔나 보군. 얼굴이 붉은 걸 보니 열이 많이 나는 것 같아. 플라스모디움은 혈액 속에서 산소를 옮기는 색소를 소비해서 빈혈을 일으키지. 또 피 속으로 유충을 퍼뜨리려고 적혈구를 터뜨릴 때 독성물질도 함께 분비하는데, 이 물질이 40℃가 넘는 고열을 일으켜."

쓰러진 소녀를 보고 민준이 안타까워하며 말했어요.

"나이도 나보다 어린 것 같은데! 치료제는 없어요? 구할 방법이 없냐고요! 네? 박사님!"

세균 Z가 한심하다는 듯한 표정으로 민준을 바라보며 말했어요.

"아직까지도 개발 못 한 말라리아 백신을 지금 저 고대에서 찾는 거야? 로마인들도 슬프고 답답했지만 그들이 할 수 있는 건 팔리타노 언덕에 열병의 신을 기리는 신전을 세우고 여름마다 발병하는 말라리아에 걸리지 않게 해 달라고 제사를 지내는 것뿐이었어. 그래서 의학사에서는 전성기를 구가하던 로마 제국이 말라리아 때문에 국력이 약해져 멸망했다고 보는 거지."

바이러스 X가 덧붙여 설명했어요.

"사실 로마 제국이 생기기 전부터 말라리아는 이탈리아 반도에서 조금씩 영역을 넓혀 가고 있었어. 말라리아가 확산된 건 로마 제국 덕분이었지. 로마 제국이 성장하면서 북아프리카의 카르타고, 그리스와 주변국들과의 무역도 활발해졌거든. 무역을 통해 시칠리아 시라쿠사, 남부 이탈리아 등 과거 그리스 식민도시에서부터 말라리아 원충이 퍼지기 시작해 점차 북쪽으로 세력을 넓혀 가다가 서기 1000년경에는 이탈리아 반도 전역에 퍼지게 된 거지."

세균 Z가 말을 이어받아 설명했어요.

"그렇지만 말라리아가 로마에서만 유행한 건 아니야. 당시 말라리아는 고대 사회 전체에 큰 영향을 미쳤어. 알렉산더 대왕도 기원전 323년에 말라리아로 사망한 것으로 추정되고 있지. 이집트에서 발견된 파라오 미라들을 해부했더니, 일부는 말라리아로 비장이 부풀어 있던 것으로 확인되기도 했어. 말라리아가 사망 원인일 수 있다는 거지."

민준이 깜짝 놀라 나백신 박사에게 물었어요.

"그럼, 지금은요? 한국도 여름에 엄청 더운데, 말라리아에 걸렸다는 이야기는 못 들어 봤는데……. 그럼 이제는 없어진 병인가요?"

나백신 박사가 고개를 절레절레 흔들며 말했어요.

"모기에는 여러 종류가 있는데 그중에서 말라리아를 전파하는 모기는 아노펠레스(학질모기) 속에 속하는 얼룩날개모기야. 한국에도 말라리아 원충에 감염된 모기가 살고 있는 지역이 있어. 바로 휴전선 부근

이지."

그러자 민준이 나백신 박사에게 물었어요.

"그럼 한국도 말라리아로부터 안전하지 않단 얘기예요?"

나백신 박사가 이어서 설명했어요.

"그렇단다. 으레 모기는 더운 지역에 많을 거라 생각하지만 한국의 경우는 남쪽 지방보다 휴전선 서쪽에서 말라리아 환자가 발생하고 있단다. 질병관리본부에서 고위험지역으로 지정한 곳이 강화군, 옹진군, 김

포시, 연천군, 파주시, 철원군 등인데, 이 지역에 사는 사람들은 헌혈도 하지 못하게 되어 있지."

"치료법은요? 고대에서부터 말라리아로 사람들이 죽고 있는데 지금은 당연히 치료법이 있겠죠? 백신도 있는 거죠?"

나백신 박사가 다시 한 번 고개를 절레절레 흔들고 말했어요.

"안타깝게도 아직까지 효과적인 백신이 없어. 유일한 예방법이 모기에 물리지 않도록 하는 것밖에 없단다. 물론 한국에서는 말라리아 환자가 드문 편이야. 하지만 여전히 열대지방을 중심으로 매년 2~3억 명이 말라리아에 걸리고 200만 명이 사망하고 있단다. 더욱 안타까운 건 전체 사망자의 약 87%가 아프리카 지역의 5세 미만 어린이들이란 점이지. 고대 로마의 영아들처럼 말이야."

나백신 박사의 설명에 민준은 넋이 나간 표정으로 어린 민지를 떠올렸어요.

나백신 박사의 핵심노트

모기주의보!
브라질을 습격한 지카바이러스

2016년 8월 브라질 리우데자네이루에서 열리는 하계올림픽을 앞두고 중남미 지역이 지카바이러스로 비상이 걸렸어요. 지카바이러스(Zika virus)는 1947년 우간다 원숭이에게서 발견되었고 1952년 처음으로 사람에게 감염됐어요. 이후 아프리카와 동남아, 태평양 섬 지역에서 환자가 발생했고 2015년 5월 브라질에서 처음으로 환자가 나온

지카바이러스 발생국가(2017년 1월 26일 기준)

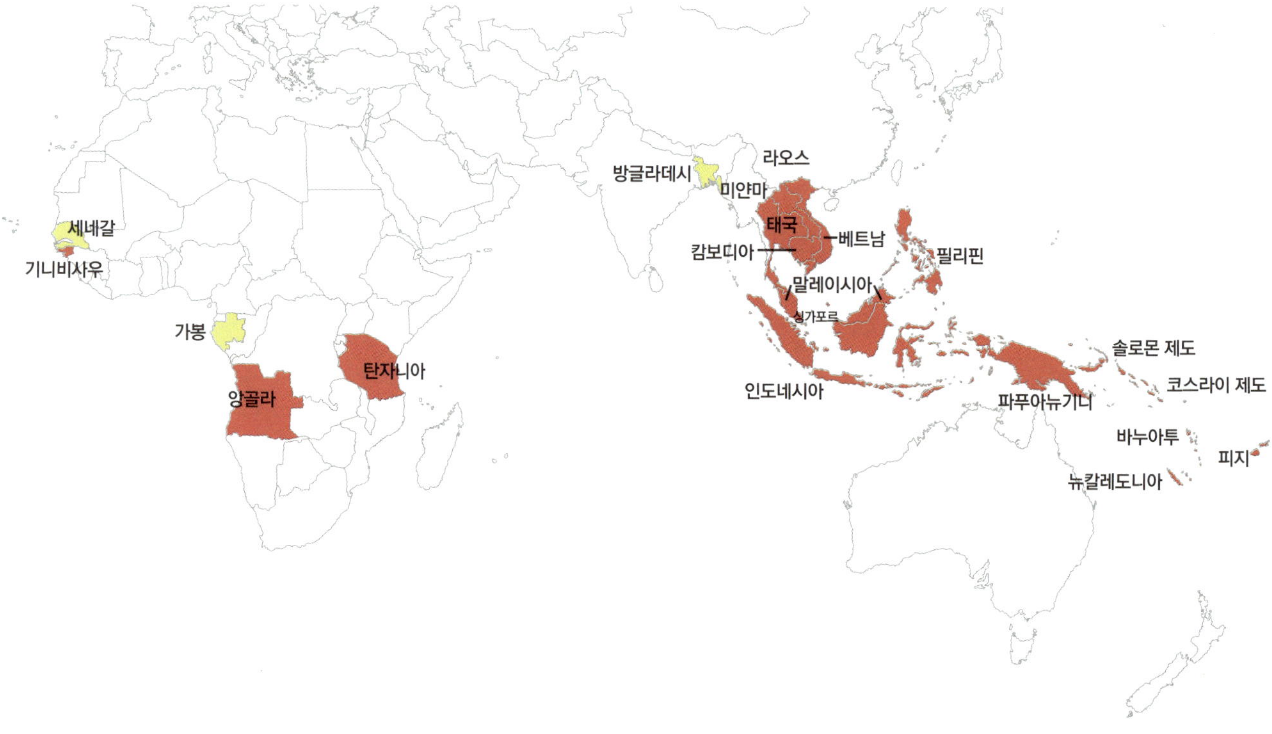

뒤 점차 감염 지역이 확대되고 있어요. 2016년을 기점으로 과테말라와 멕시코 등을 포함한 중남미 국가들에 퍼지기 시작하고 아시아나 북미, 유럽에서도 이 지역을 다녀온 사람들 중에 발병자가 나오자 2월 1일에는 세계보건기구가 비상 사태를 선포하기까지 했어요. 우리나라도 해외 여행자들을 중심으로 2019년까지 27명의 환자가 발생했어요.

지카바이러스는 뎅기열을 유발하는 바이러스와 같은 플라비(Flavivirus) 계열이에요. 말라리아처럼 바이러스에 감염된 모기에게 전염된답니다. 이집트숲모기(Aedes aegypti)가 대표적인 매개체지만 우리나라에 서식하는 흰줄숲모기(Aedes albopictus)도 전파가 가능한 것으로 알려져 있어요. 흰줄숲모기는 활동지역이 넓어 전국에 분포하고 있는데 본격적인 활동 시기는 4월로 다행히 겨울에는 활동하지 않는다고 해요.

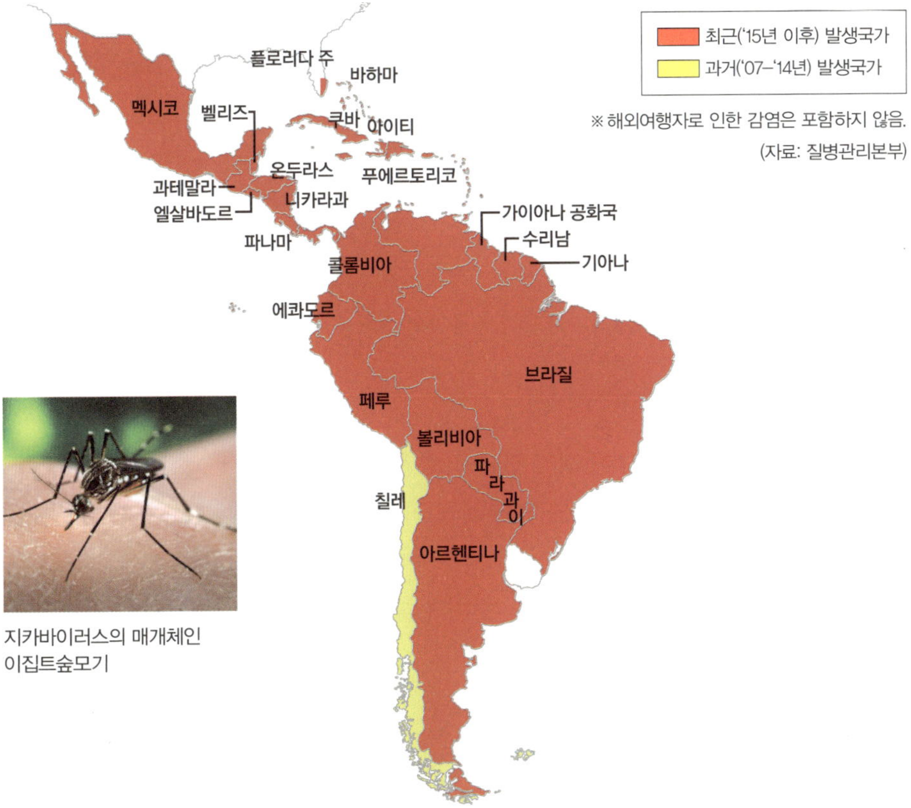

※ 해외여행자로 인한 감염은 포함하지 않음.
(자료: 질병관리본부)

지카바이러스의 매개체인
이집트숲모기

지카바이러스도 말라리아와 같이 기침이나 일반적인 접촉으로는 사람 사이에 전파되진 않아요. 지카바이러스는 감염된 사람의 혈액을 수혈받거나 성관계를 통해 전염되는 것으로 알려져 있지요. 하지만 말라리아와 달리 지카바이러스는 산모가 감염될 경우 태아도 감염될 수 있어요. 산모가 감염될 경우 소두증(뇌발달 지연으로 머리가 정상보다 작음) 신생아를 출산할 가능성이 높고 길랑바레 증후군이 나타나기도 하는데, 직접적인 관련성은 현재 추가 조사 진행 중으로 아직 명확히 밝혀지지는 않았어요. 잠복기는 2~14일로 열이 나면서 몸에 붉은 점처럼 발진이 일어나고 관절통이나 근육통, 두통을 비롯해 결막염이 나타나는 경우도 있다고 해요.

지카바이러스는 백신이나 치료약이 없어요. 하지만 너무 두려워할 필요는 없답니다. 물을 충분히 마시고 휴식을 취하면 대부분 낫고 진통제와 해열제로 증상을 완화시킬 수 있다고 해요. 다만 길랑바레 증후군과의 상관관계가 높다는 주장도 있는 만큼 조심해야 한답니다.

예방법은 최근 2개월 내 환자가 발생한 국가의 방문을 가능한 피하고 모기에 물리지 않도록 주의하는 것이에요. 가능한 한 긴 옷을 입고 모기장이나 살충제를 사용하며, 모기를 유인하는 어두운 색보다는 밝은 색 옷을 입는 것이 도움이 된답니다.

나백신 박사의 핵심노트

살상 무기로 되살아난 천연두

2001년 9.11 테러 이후 전 세계가 테러의 위협에 직면하면서 생화학 무기에 대한 관심도 높아지고 있어요. 천연두는 인류에게 가장 큰 절망감과 자신감을 안겨준 전염병이에요. 20세기에만 3억 명이 숨졌고 역사적으로 5억 명 이상이 희생됐다고 추정되고 있지요. 온몸이 수포로 덮이고 고열이 나는 것이 대표적인 증상인데, 기원전 1157년 이집트의 파라오 람세스 5세의 미라에서 천연두 발진 흔적이 나온 것이 첫 발견

사례로 기록돼 있어요. 전염력도 강해서 1519년 아메리카 대륙을 침략한 스페인 군대가 천연두에 걸려 죽은 시신을 이용해 수천만 명의 원주민을 학살한 일도 있었지요. 천연두의 치사율은 30~90%예요. 다행히 영국의 에드워드 제너가 1796년 '종두법'이라 불리는 우두 접종법을 발견하면서 발병률이 줄어 1980년 세계보건기구(WHO)는 천연두가 지구상에서 사라졌다고 선언했답니다.

하지만 미국과 러시아를 비롯해 몇몇 나라에서는 천연두 바이러스 표본을 과학연구 목적으로 실험실에 보관하고 있다고 해요. 이에 따라 천연두가 생화학 무기로 활용될 가능성을 우려해 미국 등에서는 천연두 예방백신을 만들어 보유하고 있지요. 우리나라도 지난 2002년 천연두가 법정전염병으로 다시 지정됐고 2004년에는 주한 미군에 3세대 천연두 예방접종이 의무화됐어요.

한반도에도 사실 천연두 바이러스가 들어와 있다고 볼 수 있어요. 북한이 1954년 미생물연구소를 설립하면서 현재 13종의 생물학 작용제를 보유하고 있고, 이 중에서 탄저균과 천연두, 페스트, 콜레라, 보툴리늄 독소는 이미 무기화되었다고 해요.

천연두는 치료법이 없어요. 백신만이 유일한 대비책이지요. 하지만 WHO의 천연두 근절 선언(1980년) 이후 천연두 백신 접종을 하지 않고 있어 많은 이들에게 공포의 대상으로 떠오르고 있답니다.

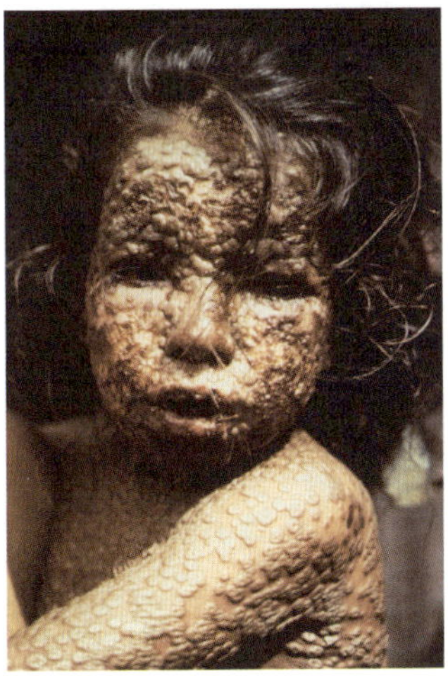

천연두에 걸린 아이. 고열과 수포가 대표적인 증상이다.

2001년 9.11 테러 이후 생화학 무기로서의 천연두의 위협이 현실화됨

토론왕 되기

전염병, 생물전의 서막을 열다

테러와 내전 등이 전 세계적으로 빈번해지면서 그동안 사라졌던 천연두균과 탄저균 등이 강력한 생화학 무기로 여겨지고 있어요. 대규모로 퍼지는 전염병을 국가 안보의 위협 요인으로 보고 있는 것이지요. 실제로 국가의 치안을 담당하는 경찰과 방역 전문가들은 군대를 중심으로 대규모의 전염병 전쟁에 대비한 준비를 하고 있다고 해요. 특히 우리나라에도 얼마 전 주한 미군에 살아 있는 탄저균이 반입됐다는 사실이 알려지면서 전염병균을 활용한 생화학 무기에 대한 공포가 더욱 커졌어요.

과거부터 전염병은 인간에게 공포의 대상이었어요. 특히 전쟁 상황에서는 전염병이 더욱 기승을 부렸지요. 아무래도 사람의 목숨이 오가는 전쟁터다 보니 보건 위생이 뒷전인 탓도 컸지요. 적군이 오는데 빨래나 샤워를 하거나 물을 끓여 마실 시간은 없고, 전사자를 땅에 묻어 줄 여유도 없으니까요. 그러다 보니 전염병은 때론 전투를 하다 죽는 것보다 훨씬 많은 군사들의 목숨을 앗아갔어요.

이 때문에 고대부터 세균은 침략 무기로도 많이 사용됐어요. 전염병으로 죽은 시체를 식민지화하려는 도시나 적진에 두어 전염병을 퍼뜨리기도 했지요. 특히 16세기 스페인 정복자들이 식민지화를 위해 전염병을 이용한 것은 악명이 높아요. 1519년 멕시코에 상륙한 스페인의 정복자 에르난 코르테스는 부하가 고작 800명이었다고 해요. 그러나 그들은 3년 후 인구 30만 명의 도시 테노츠티틀란을 침공했지요. 이때 천연두를 이용해 15만 명의 인디언들 목숨을 빼앗았다고 전해지고 있어요. 16세기에는 카나리 군도의 전 인구가 천연두로 전멸했고, 히스파뇰라에서도 원주민의 절반이 천연두로 죽었다고 알려졌지요. 호주에서도 영국인들과 함께 들어온 전염병균에 원주민의 50%가 죽었다고 해요. 이 때문에 북미 대륙 전체에 걸쳐 100만 명 규모였을 것으로 짐작되는 인디언들이 오늘날에는 수십만 명에 불과하지요.

이렇게 생화학 무기는 민간인과 군인, 심지어 아군과 적군도 가리지 않는 잔인한 무기로, 전 세계 국제관계가 불안정해지면서 다시금 전쟁 무기로 주목을 받고 있어요.

생화학 무기가 인류에 어떤 영향을 미치게 될까요? 생화학 무기 사용에 대해 여러분은 어떻게 생각하나요?

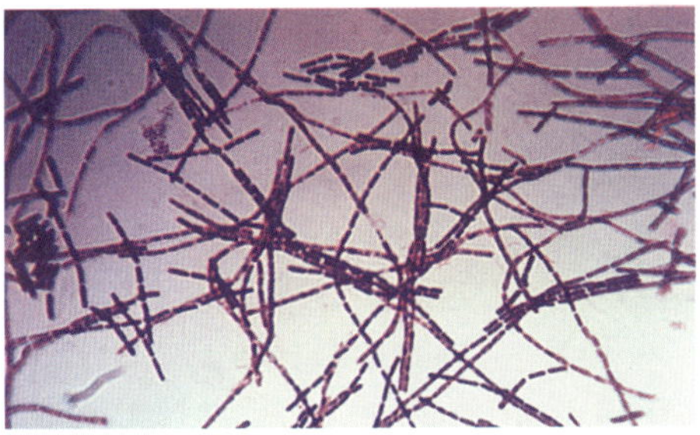

대표적인 생화학 무기인 탄저균. 흙 속에 서식하는 세균으로 탄저병을 일으킨다.

생화학 무기를 연구하는 사람들

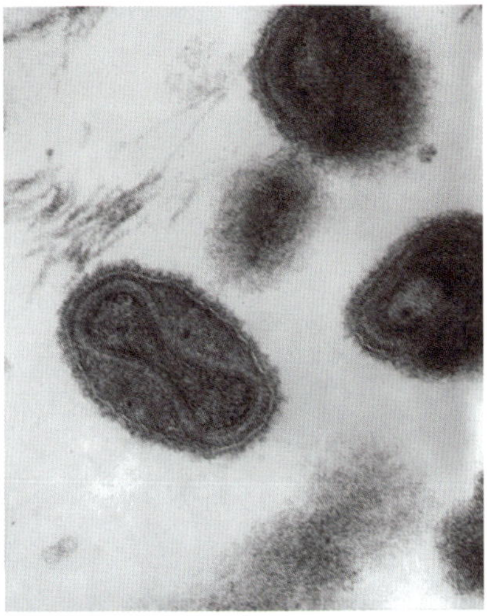

1519년 스페인 정복자들은 식민지화를 위해 천연두 바이러스(사진)를 이용해 15만 인디언들의 목숨을 빼앗았다.

다음 중 전염병이 아닌 것은 무엇일까요?

① 감기
② 결핵
③ 소아마비
④ 식중독
⑤ C형 간염

피부의 상처를 통해 감염되는 C형 간염

정답 ④ 식중독

전염병은 병원체를 가진 보균자나 동식물 등 전염원이 있어야 하고 환경에서 전염이 가능한 경로가 있어야 해요. 또 숙주가 병원균에 잘 감염되어야 하지요. 이를 숙주의 감수성이라고 하는데 감염이 어려운 경우에는 저항성이 있다고 표현해요.
전염병의 특성 중 하나는 다른 사람에게 전염된다는 점이에요. 그런데 식중독은 살모넬라균을 제외하고 2차 감염을 일으키지 않는답니다. 또 한 번 앓고 나면 항체가 생기는 전염병과 달리 식중독은 식중독균에 대한 면역력이 생기지 않아요. 여러 번 걸리는 것도 가능하다는 뜻이지요.
감기는 바이러스성 전염병으로 공기로 전파되거나 감기 환자의 호흡기 분비물이 묻은 손으로 눈, 코, 입을 비벼서 감염되기도 해요. 결핵은 모든 환자가 전염성이 있는 것은 아니지만 전염성의 경우 공기로 전파가 돼요. 특히 환자의 기침이나 재채기 또는 말할 때 나오는 침에 포함돼 있어 이를 흡입할 경우 결핵균에 감염될 수 있다고 해요.
소아마비는 폴리오 바이러스가 신경계를 감염시켜 발생하는 전염성 질환이에요. 바이러스가 중추신경계를 침범해 영구적인 신체마비와 사지 변형을 초래하는 무서운 병이지요. 다행히도 예방접종이 보편화되면서 지금은 거의 찾아볼 수 없게 되었어요. 하지만 아직도 아프리카 나이지리아와 아프가니스탄, 파키스탄에서는 환자가 발생하고 있어요. 좋은 소식은 아프리카의 마지막 소아마비 환자가 2014년 8월 11일 소말리아에서 나온 이후 감염자가 나오지 않고 있다는 점이랍니다.
C형 간염은 오염된 주삿바늘이나 피부에 상처를 줄 수 있는 손톱깎이, 면도기, 칫솔 등을 통해 전파되는 전염병이에요. 특히 혈액을 통해 전파되는 경우가 가장 많답니다.

3장

전염병의 진화는 계속된다

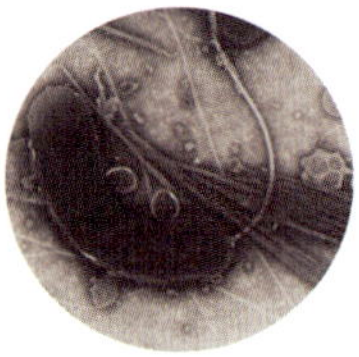

독감으로 사람이 죽었다고?

“아, 입이 근질거려. 드디어 내 차례군. 바이러스의 위력도 만만찮은 거 알지? 사실 현대는 바이러스가 전염병을 주도했다고 할 수 있지. 지난 100년 동안 가장 사망자가 많았던 병이 에이즈, 그다음이 스페인 독감, 아시아 독감, 홍콩 독감, 신종 인플루엔자, 에볼라 순이야. 모두 바이러스성 전염병이라는 특징을 가지고 있지.”

바이러스 X의 말에 세균 Z가 덧붙였어요.

“에이즈라면 내가 좀 알지. 후천성 면역결핍증후군(HIV/AIDS)이라고도 불리는데 바이러스가 인체 면역세포에 직접 침투해 면역력을 떨어뜨리는 병이야. 우리 같은 병원체가 몸에 들어와도 면역계가 맞서 싸울 항체를 만들지 않기 때문에 감기에만 걸려도 생명이 위독해질 수 있는 병이지. 나도 병원균이지만 바이러스들도 참 공격 방법이 잔인하다니까."

이때 나백신 박사가 얼이 빠져 있는 민준의 어깨를 다독이며 눈을 찡긋해 보이고는 앞으로 나서서 설명했어요.

"물론 많은 사람들이 희생됐지만 지금은 항바이러스제가 개발되고 에이즈 감염자들의 생존율도 높아져서 만성질환으로 분류된 상태지. 예전엔 에이즈의 실체를 알지 못해 피하는 수밖에 없었지만 이제는 사람들도 전염병의 실체를 파악해 적극적으로 대처하고 있어."

민준은 애써 정신을 다잡고 다짐했어요.

'얘들이 바라는 건 내가 전염병의 위력에 기가 꺾여 포기하는 걸 거야. 민지와 친구들을 구하려면 반드시 전염병의 정체를 밝혀서 치료법을 알아내야 해. 정신 똑바로 차려야지.'

바이러스 X는 한쪽 입꼬리를 올리며 웃어 보이고는 대답했어요.

"오호, 그럼 놀라운 사실을 하나 알려줄까? 우리는 지금도 끊임없이 진화하고 있어. 인플루엔자 바이러스의 활약만 봐도 알 수 있지. 그런데 민준이라고 했던가? 미생물 이름치고는 좀 특이한데, 넌 인플루엔자가 뭔지는 알고 있니?"

그러자 민준이 머리를 긁적이며 생각했어요.

'인플루엔자? 많이 들어 봤는데, 감긴가?'

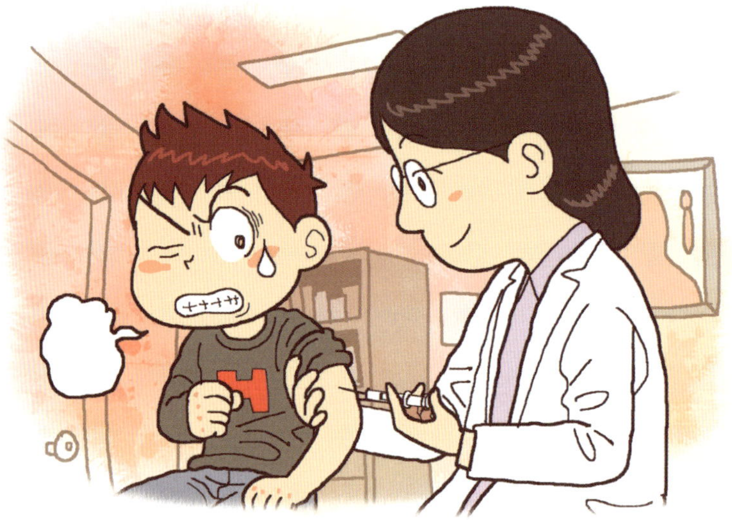

순간 민준의 머릿속에 얼마 전 보건 선생님과 나눈 대화가 떠올랐어요. 독감 예방주사를 맞던 날, 주사를 맞아도 감기에 걸리는데 왜 맞는지 모르겠다며 민준이 투덜거리고 있을 때, 선생님이 말했어요.

"민준아, 감기와 독감은 서로 다른 거란다. '독감'은 인플루엔자 바이러스에 감염돼 걸리는 급성 호흡기 질환으로 사람에게 전염되는 건 크게 A형과 B형이 있단다. 그중에서 널리 퍼진 건 모두 A형이었는데, A형은 이론상으로만 144개의 조합이 가능하단다. 독감이 사람에게 얼마나 치명적인지는 알지? 문제는 인플루엔자 바이러스가 카멜레온처럼 모습을 자주 바꿔 변종을 만들기 때문에 매년 예방주사를 맞아야 한다는 거야. 반면에 감기는 라이노 바이러스 등 200여 종의 다른 바이러스로 감염되지. 비슷해 보여도 감기와 독감은 증상도, 합병증도, 치료 방법도 다르단다."

민준은 선생님과 대화한 내용을 기억해내고는 자신 있게 말했어요.

"나도 그게 독감인 것 정도는 안다고. 감기와 독감은 증상부터가 다른걸. 독감인 인플루엔자는 급성 호흡기 질환이라 갑자기 39도 이상의 고열과 기침, 가슴 통증, 근육통, 두통이 심해지고 몸도 2~3주간은 계속 피곤하잖아. 반면 감기는 서서히 열이 나기 때문에 고열까지 가는 경우는 드물고 기침이나 가슴 통증, 근육통, 피로한 느낌이 적지."

바이러스 X는 놀랍다는 듯이 이번엔 나백신 박사를 바라봤어요. 박사는 가소롭다는 표정으로 말했어요.

"나 참, 내가 그런 것도 모를까 봐 그러는 거야? 감기는 치료약도, 예방법도 없지만 합병증도 거의 없어. 반면에 인플루엔자는 타미플루나 리렌자 같은 항바이러스제를 복용하면 치료할 수 있고 백신을 맞으면 예방할 수도 있지. 문제는 독감에 걸리면 합병증으로 폐렴에 걸릴 수 있고 기존에 앓던 질환들이 악화될 수 있다는 거야."

바이러스 X는 흐뭇한 표정으로 둘을 바라보며 말했어요.

"음하하! 우리가 대단하긴 한가 보군! 처음 보는 미생물들조차 이렇게 차이점을 잘 알고 있고 말이야. 그렇다면 그 위력도 알고 있나? 역시 직접 보여주는 게 제일 정확하겠지? 따라오라고!"

나백신 박사의 핵심노트

세계보건기구(WHO)가 분류하는 전염병 등급

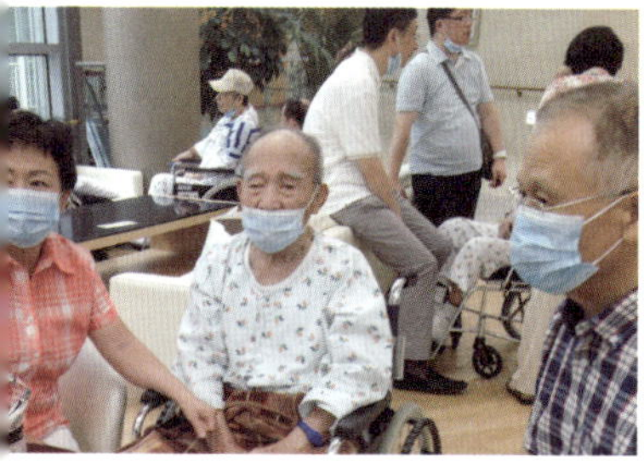

6단계 다른 대륙의 국가에서도 추가로 전염이 발생한 상태. '전염병의 대유행'(판데믹, Pandemic).

5단계 같은 대륙의 2개국 이상에서 병이 유행해 전염병 대유행이 임박한 상태(에피데믹, Epidemic).

*신종플루와 에볼라 바이러스는 5단계 에피데믹

4단계 사람들 사이의 전염이 급속히 퍼지기 시작해서 전염병이 전 세계로 퍼질 수 있는 초기 상태.

3단계 사람들 사이의 전염이 증가한 상태.

2단계 동물 사이에서 전염되다가 소수의 사람들에게도 전염된 상태.

1단계 동물 사이에 한정된 전염으로 사람에게는 안전한 상태.

전쟁터만큼 살벌한 스페인 독감과 신종플루의 위력

쾅! 피융피융! 엄청난 대포 소리에 민준이 깜짝 놀랐어요.

"우왓! 여긴 어디예요? 전쟁터에 온 거예요? 지금?"

"1918년, 제1차 세계대전 중인 프랑스 전선에 있는 미국 병영이야."

바이러스 X가 설명했어요. 이때 막사 뒤에서 다급한 대화 소리가 들렸어요. 장병 한 명이 급하게 달려와 의사에게 말했어요.

"또 환자가 발생한 것 같습니다. 감기 증상을 보이다 폐렴으로 이어지더니 피부가 보랏빛으로 변하고 있습니다. 몸속에서 산소가 빠져나가는 것 같습니다."

"전염 속도가 너무 빨라. 치사율은 2%지만 감염률이 50%라니!"

의사의 안타까운 목소리가 공중에 퍼지자 나백신 박사가 말했어요.

"설마 미군 병영에서 처음 발생해 전 세계로 퍼진 스페인 독감인 건가? 당시 제1차 세계대전과 맞물리면서 2500만 명에서 5000만 명이

스페인 독감이 창궐한 1918년, 감염 예방을 위해 마스크를 쓴 경찰

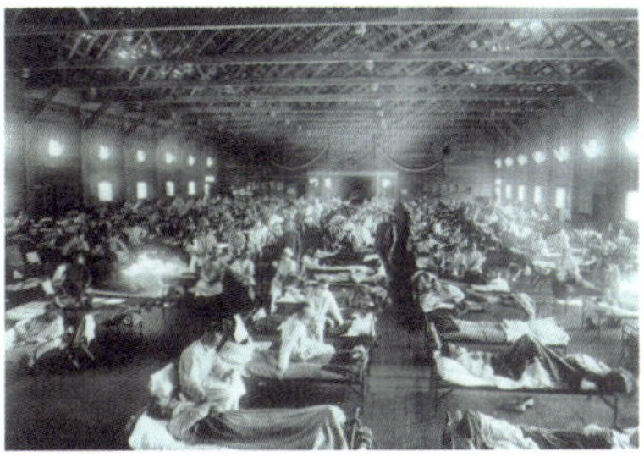

1918년 미국 캔자스 주 펀스턴 기지를 가득 메운 스페인 독감 환자

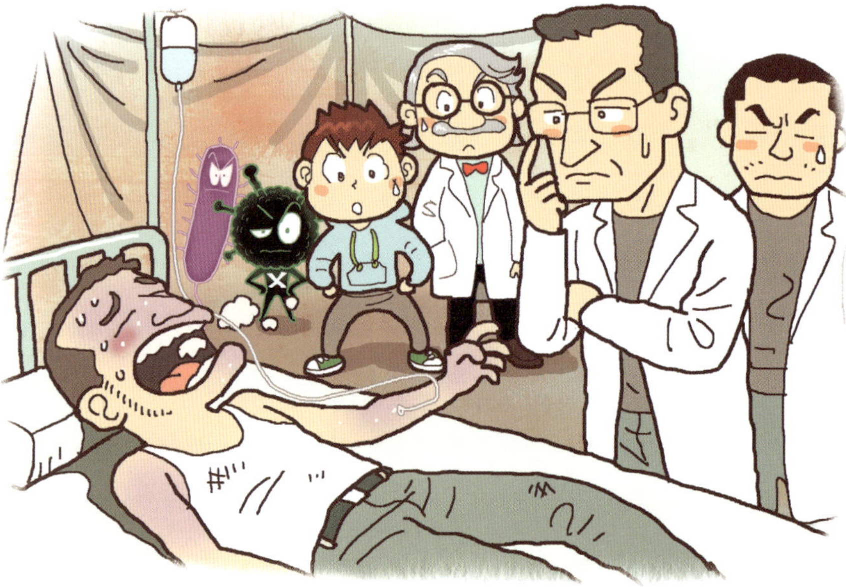

죽었어. 전 세계 인구의 3~6%나 되는 수지."

나백신 박사의 말에 바이러스 X가 섬뜩한 표정으로 말했어요.

"하지만 더 대단한 건 그다음에 나타난 신종플루(신종 인플루엔자)였지. 스페인 독감 바이러스(H1N1)의 변종으로, 감염자 수에 비하면 사상자는 적은 편이었지만 28만 명이나 사망했지."

신종플루라는 말에 민준이 깜짝 놀라 외쳤어요.

"신종플루면 2009년에 유행했던 바로 그 신종플루 말예요? 매일 마스크 쓰고, 기침이나 재채기로 전파된다고 해서 휴교도 했잖아요! 열도 나고 근육통에 두통 증세가 감기랑 비슷하고 타미플루를 처방받기 전에 죽기도 했던!"

"오호, 마치 직접 겪은 듯이 생생하게 기억하는구나. 놀라운걸?"

바이러스 X의 말에 민준은 뜨끔한 표정으로 말을 돌렸어요.

"그런데 스페인 독감이 더 센 거 아닌가? 왜 신종플루가 스페인 독감보다 더 대단하다고 하는 거야?"

그러자 바이러스 X가 대답했어요.

"똑똑한 줄 알았더니 중요한 건 모르는구나. 힌트를 좀 줄까. 신종플루는 2009년 3월에 북미 대륙에서 발생해 전 세계 214개국으로 퍼졌던 호흡기 전염병이었어. 치사율은 1%도 되지 않았지만 감염자는 엄청나게 많았지. 한국에서도 공식적으로는 75만 명이 확진을 받았지만 추정치는 150만 명 정도였으니까. 그에 반해 사망자는 250명 남짓에 불과했어. 이게 무슨 의미인지 알겠니?"

바이러스 X가 입이 근질거린다는 표정으로 질문하자 나백신 박사가 대신 대답했어요.

"바이러스가 진화했다는 거로군. 사람에게 병을 일으키는 미생물 입장에서는 숙주가 오래 살수록 종족 번식에 유리하니까. 이왕이면 숙주를 죽이기보다 공존하는 쪽으로 변한 거야."

나백신 박사의 설명에 갑자기 무언가를 알았다는 듯이 눈빛을 반짝이며 민준이 말했어요.

"아, 이제 알겠어요. 그래서 지금의 질병 양상이 과거와 달라진 거군요. 1976년 처음 발견되어 지금까지 수시로 한 번씩 유행하는 에볼라 바이러스도, 2003년 처음 유행한 급성중증호흡기증후군(사스)도 초기에는 사람에게 치명적이었지만 차차 그 위력이 약해졌듯이 말예요. 이것도 전염병을 일으키는 미생물 병원체가 자신의 생존에 유리한 방향으로 진화한 결과군요."

둘의 대화를 듣던 세균 Z가 참견했어요.

"둘 다 제법인걸. 하지만 그게 다는 아니야. 내성을 가진 병원체들이 계속 생겨나고 있어서 그렇기도 하지. 결핵을 예로 들어 볼까. 인간은 결핵을 완전히 치료할 수 있다고 생각했지만 그동안 치료제로 쓰던 항생제로는 현재의 결핵균을 없앨 수 없었어. 항생제에 내성을 가진 변종이 생겨났거든. 병원체들은 인체에 덜 치명적인 형태로 특성을 바꿔서 생존을 쉽게 하는 방식으로 진화하기도 하지만 인간이 만들어낸 약제에 내성을 가지는 방향으로도 진화하고 있지."

바이러스 X도 말을 덧붙였어요.

"변종도 진화의 특징이지. 바로 나처럼 말이야."

민준과 나백신 박사는 자신에 대해 소개하는 바이러스 X의 말에 귀를 기울이며 눈빛을 주고받았어요.

"변종이라고? 변종이 뭔데?"

민준이 조심스레 묻자 바이러스 X는 자신의 소개에 신이 난 듯 아무

의심 없이 말했어요.

"아무래도 예를 드는 게 쉽겠지? 신종 인플루엔자를 스페인 독감의 변종이라고들 하지. 기존 인플루엔자 바이러스와 구조는 같지만 유전적으로 다르기 때문이야. 일반적으로 인플루엔자 바이러스는 인간이나 돼지, 조류 등 한 종 안에서만 감염을 일으키는데, 때때로 하나의 숙주에 두 개 이상의 인플루엔자 바이러스가 침투해서 유전적으로 혼합되는 경우가 있지. 이때 새로운 유전자 변형이 일어나면서 변종 바이러스가 생기는 거야. 변종은 증상도 다르고 예측할 수가 없기 때문에 정체를 밝히는 데만도 시간이 꽤 걸리지. 치료법도 다르고 말이야."

그러자 나백신 박사가 물었어요.

"그럼 너는 무엇의 변종인 거지? 네 위력을 가늠해 보고 싶어서 말야. 이미 알려진 바이러스라면 네가 얼마나 대단한지 추측할 수 있잖아."

바이러스 X가 여전히 신이 나 말을 이었어요.

"나? 어마무시하지, 나는 얼마 전 전 세계를 떠들썩하게 했던…… 가만, 그런데 너흰 도대체 누구야? 내 정체를 아까부터 궁금해하는 걸 보니 수상한데. 미생물이지만 형태는 인간과 너무 닮았고 말이야."

바이러스 X의 질문에 나백신 박사와 민준은 마른침을 삼키며 생각했어요.

'얼마 전 전 세계를 떠들썩하게 했다면, 혹시 에볼라 바이러스?!'

최근 100년간 유행한 10대 전염병 (사망자 기준)

1위 스페인 독감

■ H1N1 인플루엔자A
▲RNA 바이러스
◆5000만 명 사망
● 1918~1920년
◈백신 있음
▶제1차 세계대전으로 대유행

2위 에이즈

■ 에이즈 바이러스(HIV)
▲RNA 바이러스
◆3900만 명 사망
● 1960년~현재
◈백신 없음
▶미국에서 최초 발병

3위 아시아 독감

■ H2N2 인플루엔자A
▲RNA 바이러스
◆200만 명 사망
● 1957~1958년
◈백신 있음
▶중국 야생오리에서 변종 발생

4위 홍콩독감

■ H3N2 인플루엔자A
▲RNA 바이러스
◆100만 명 사망
● 1968~1969년
◈백신 있음
▶홍콩에서 전 세계로 확산

5위 7차 콜레라

■ 콜레라균
▲세균
◆58만 명 사망
● 1961년~현재
◈백신 있음
▶인도네시아에서 전 세계로 확산

6위 신종 인플루엔자

■ H1N1 인플루엔자A
▲RNA 바이러스
◆28만 4000명 사망
● 2009년
◈백신 있음
▶멕시코에서 발견된 뒤 43개국으로 전파

7위 에볼라

■ 에볼라 바이러스
▲RNA 바이러스
◆1만 1000명 사망
●2014년
◈백신 없음
▶남수단에서 처음 발견

8위 콩고 홍역

■ 홍역 바이러스
▲RNA 바이러스
◆4555명 사망
●2011년~현재
◈백신 있음
▶홍역은 지난 2000년 동안 지속적으로 발생

9위 서아프리카 뇌수막염

■ 수막구균
▲세균
◆1210명 사망
●2009~2010년
◈백신 있음
▶1805년 제네바에서 처음으로 대유행

10위 사스

■ 사스 코로나 바이러스 (SARS-CoV)
▲RNA 바이러스
◆774명 사망
●2002~2003년
◈백신 없음
▶중국 남부에서 최초 발병

*결핵, 말라리아 등 매년 수백만 명의 사망자를 내는 전염병은 포함시키지 않음.
*매년 25~50만 명의 사망자를 내는 계절성 독감은 포함하지 않았고, 당시 새로 유행하는 독감(스페인 독감, 아시아 독감, 홍콩독감, 신종플루, 사스) 중심으로 작성.

나백신 박사의 핵심노트

기후 변화로 달라진 전염병의 양상

오늘날 질병은 기후 변화의 패턴에 따라 계속 바뀌면서 진화하고 있어요. 예를 들어 말라리아는 아열대와 열대 지역을 중심으로 고도가 낮은 지역의 늪에서 모기를 통해 전염이 돼요. 그런데 최근 엘니뇨 현상이 나타나면서 말라리아 발생 지역이 넓어졌어요.

엘니뇨는 적도 부근 태평양의 해수면 온도가 6개월 이상 평년보다 0.5℃ 이상 높아지는 현상이에요. 수온이 상승하면서 자연스럽게 모기 서식지가 넓어졌죠. 지난 20년간의 데이터를 살펴보면 실제로 500% 정도 증가한 것으로 나타났어요.

또 바다가 따뜻해져 적조 현상이 자주 나타나고 공기가 따뜻해지면서 북극이나 남극 얼음 속에 갇혀 있던 병원균과 박테리아가 살아남을 가능성도 높아졌어요. 또 다른 질병이 발생할 확률이 높아진 거죠.

기후 변화로 식물의 서식지도 바뀌었답니다. 식물종이 다른 지역으로 퍼지고 있고 사료의 수송도 늘어나면서 콜레라, 뎅기열, 라임병, 한타 바이러스, 황열병 등 다양한 질병 감염 패턴에 변화가 오고 있어요. 예를 들면 열대와 아열대 지역에서 발견되던 샤가스 기생충들이 최근에는 미국 텍사스와 오클라호마, 루이지애

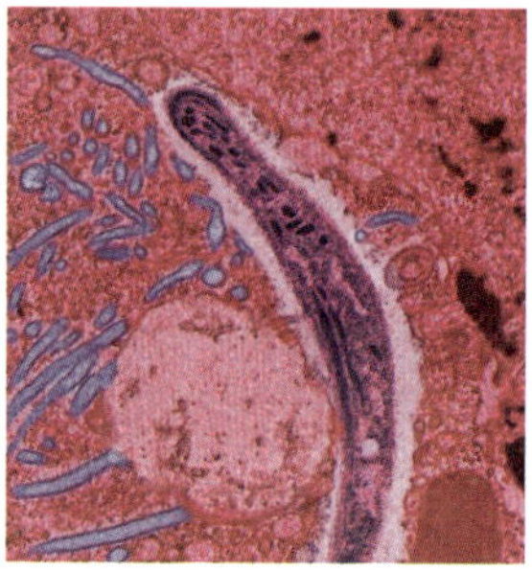

말라리아 원충

나, 미시시피, 아칸소에서 발견되고 있어요. 텍사스에서 헌혈한 6500명이 샤가스 기생충 검사에서 양성반응을 얻었지요.

뎅기열도 원래는 서태평양 지역의 동남아시아 섬들에서 많이 발생했지만 이제는 중남미, 카리브 해, 남부 플로리다, 하와이, 남부 텍사스 등에서도 발견되고 있어요. 뎅기열 역시 기후 변화와 지구 온난화로 발생 범위가 확장되고 있어요.

전문가들은 기후 변화에 따라 인류는 이전보다 다양한 질병에 더 많이 노출돼 있고 그 확산 속도도 빨라지고 있다고 전망했어요.

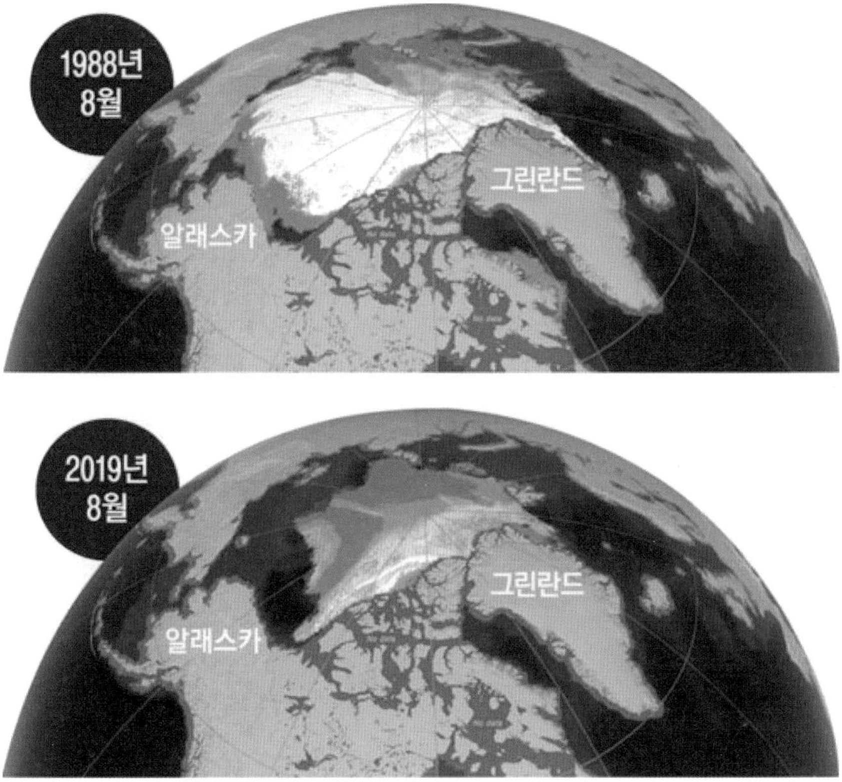

NASA는 1978년 이후 북극 해빙 면적이 10년마다 13%씩 감소하고 있다는 분석을 내놨다. (자료: NASA)

치명적인 잔혹함을 보여준 에볼라 바이러스

"박사님, 만약 바이러스 X가 에볼라 바이러스의 변종이라면 직접 에볼라 바이러스를 만나서 분석해 보는 건 어떨까요?"

민준이 나백신 박사에게 물었어요.

"좋은 생각이구나. 우선 바이러스 X를 안심시켜서 우리를 에볼라 바이러스가 있는 곳으로 데려가게 하자꾸나."

민준과 박사가 서로 소곤거리며 의견을 주고받았어요. 대화가 끝나자 나백신 박사는 바이러스 X를 향해 너스레를 떨며 말했어요.

"예민하기는, 전 세계를 놀라게 했던 바이러스의 변종이라기에 앞으로 미생물들 사이에서 유명해질 것 같아 미리 이름이라도 알아두고 싶어서 물었던 거지. 호기심이랄까, 허허허. 근데 아무리 대단해도 그 유명한 에볼라 바이러스를 이길 수 있을까? 어렵지 않겠어?"

"어렵지 않겠냐고? 물론 에볼라 바이러스가 위협적이긴 하지만 인간이 만들어 낸 공포도 커. 실제 위력은 내가 더 위일걸?"

바이러스 X가 뾰로통한 표정으로 말했어요.

"에볼라 바이러스도 과연 그렇게 생각할까?"

이번엔 민준이 바이러스 X를 살살 약 올리며 물었어요. 그러자 바이러스 X가 발끈하며 말했어요.

"그렇다면 직접 눈으로 비교하게 해 주지. 삼자대면이랄까? 직접 보면 내 말이 맞다는 걸 알게 될 거야. 그럼 이번엔 아프리카닷!"

"뿌지직, 콸콸."

피가 엄청난 소리를 내며 뿜어져 나오자 당황한 민준이 소리쳤어요.

"우왓! 지금 저거 피야? 여긴 또 왜 이렇게 뜨거워?"

"에볼라 바이러스를 직접 보여주기로 했으니 감염자의 몸속으로 들어온 거지. 시기는 2014년 10월 서아프리카. 에볼라 바이러스는 감염되면 열이 나고 바이러스가 장기를 침범해 출혈을 일으켜서 출혈열이라고도 불러. 피를 흘리며 죽어가는 모습이 끔찍해 사람들에게 공포심을 심어 줬지."

잠잠하던 세균 Z가 불쑥 덧붙였어요.

"이외에도 기침과 두통, 근육통, 구토나 설사, 피부 발진 등이 나타나지. 에볼라 바이러스는 세균들 사이에서도 워낙 유명하기 때문에 이 정도는 나도 알고 있어. 에볼라 말고도 마르부르크, 한타 바이러스도 출혈을 일으키지."

바이러스 X가 세균 Z의 말을 끊고 다시 말을 이어 갔어요.

"증상도 증상이지만 사람들이 에볼라 바이러스를 무서워했던 이유는 백신이나 항바이러스제가 없어서 치료가 어려웠기 때문이야. 그런데 많은 사람들이 에볼라 바이러스가 이번에 처음 나타난 줄 알더라? 에볼라는 1976년에 콩고민주공화국에서 처음 나타났어. 벌써 40여 년 전 일인데, 당시 318명의 감염자 중 280명이 죽으면서 치사율이 88%를 기록했어. 그때까지 알려진 질병 중 최고 수준으로 알려지면서 강력한 바이러스 전염병으로 악명을 떨쳤지. 그 뒤에 또 수단에서도 널리 퍼져 284명이 감염되고 151명이 사망했는데, 그 이후 홀연히 사라져 버렸지. 그러다 다시 나타난 게 2013년이야."

"치사율이 88%라면, 전염된 10명 중 9명이 죽었다는 말인데. 그런데도 네가 에볼라보다 강력하다고?"

민준이 바이러스 X를 향해 미심쩍은 눈빛으로 물었어요.

"희생자가 많다고 강력한 게 아니야. 오히려 진화가 덜 됐다고 볼 수도 있지. 우리 바이러스는 숙주 세포가 있어야 증식하면서 살 수 있어. 숙주가 살아 있어야 우리 생존에도 유리하지. 그런데 감염된 뒤 숙주가 금방 죽으면 그 짧은 시간 내에 새로운 숙주를 찾아가야 하는데 그건 쉬운 일은 아니거든."

바이러스 X가 고개를 절레절레 저으며 말했어요. 이때 나백신 박사가 고개를 끄덕이며 설명했어요.

"그런 면에서 B형 간염 바이러스는 인체에 적응을 잘한 진화한 바이러스라고 볼 수 있겠군. 대부분 숙주에 치명적인 증상을 일으키지 않은 채 수십 년간 머무르니까 말이야."

바이러스 X가 무릎을 치며 말했어요.

"그렇지. 그런 면에서 나는 두 바이러스의 장점을 다 가졌기 때문에 강력하다고 하는 거야. 그런데 에볼라 바이러스가 요새 좀 영악해졌더라고. 치사율이 54%까지 떨어졌거든. 예전에 비하면 숙주를 오래 살게 해서 다른 숙주를 찾는 데 걸리는 시간을 많이 번 셈이지. 자신의 유전자를 더 많이 퍼뜨릴 수 있게 말이야. 그래도 여전히 위협적이긴 해. 그렇지? 아, 마침 저기 에볼라가 보인다. 가 보자고."

말을 끝마치자마자 바이러스 X는 에볼라 바이러스를 불렀어요.

"누구? 아, 변종이구나. 어쩐지 익숙하다 했지. 여긴 어쩐 일이야? 시간 여행 중인가?"

바이러스 X가 대답했어요.

“맞아. 우리 바이러스들의 위력을 좀 보여주고 있는 중이지. 그런데 엄청 바빠 보이네~.”

에볼라는 바이러스 X의 질문에 대꾸할 힘도 없다는 듯이 쏘아붙였어요.

“뉴스도 안 보나. 우리가 서아프리카의 기니에서 처음 사람들을 감염시키기 시작할 때만 해도 감염자는 세 명뿐이었어. 7개월이 지난 지금(2014년 10월 15일 기준) 8914명을 감염시키기까지 얼마나 바빴을지 상상이 안 가나? 물론 그중에 절반인 4447명은 사망했지만.”

민준이 궁금증을 참지 못하고 물었어요.

“어떻게 그렇게 많이 감염시킬 수 있었던 거야?”

에볼라 바이러스가 대답했어요.

“비밀은 돌연변이에 있지. 우리 에볼라 바이러스는 다섯 종류의 돌연변이가 있는데, 나는 그중에서 자이르 바이러스의 변종이야. 자이르 바이러스는 가장 위험한 종으로 치사율이 80%에 달하는데, 거기서 돌연변이를 일으켜서 나오면서 전염 속도나 위력은 그대로인 대신 치사율은 낮아진 거지.”

이때 다른 에볼라 바이러스가 불쑥 끼어들어 말했어요.

“오, 이제 인터뷰도 하는 건가? 후학 양성? 나도 정보를 좀 보태 주지. 바이러스가 빠르게 확산될 수 있었던 데는 우리가 열심히 노력한 것도 있지만 서아프리카의 문화적 영향도 컸어. 사람이 에볼라 바이러스를 가진 야생동물에게 물리거나 날것으로 먹으면 감염될 수 있는데, 아프리카에는 야생동물이 많고 날것으로 먹는 경우도 많잖아. 최초로 사망한 2세 아동도 야생동물과 접촉해서 감염됐을 것으로 추정되고 있어.”

갸우뚱하는 민준에게 나백신 박사가 설명을 덧붙였어요.

“페스트를 옮겼던 곰쥐와 같은 원리란다. 야생동물이 감염원(병을 옮기는 근원)이자 숙주가 되는 거지. 에볼라의 경우는 과일박쥐에서 시작해서 고릴라, 침팬지, 설치류, 영양(앤털로프)이 모두 감염원이었단다."

나백신 박사가 설명을 마치자 에볼라 바이러스가 말을 이었어요.

"게다가 서아프리카는 문상객이 죽은 이에게 키스하는 장례문화가 있어. 에볼라가 침이나 혈액, 림프액, 정액 등 체액의 직접 접촉을 통해 감염되니까, 아무래도 장례문화 때문에 퍼졌을 거라 보는 거지."

에볼라 바이러스의 말에 바이러스 X가 비아냥거리며 말했어요.

"그치만 이번에는 운이 따른 것도 있지. 에볼라 바이러스로 난리인 서아프리카 지역의 기니, 라이베리아, 시에라리온은 그동안 감염자가 나와도 외딴 마을이거나 교통이 좋지 않은 고립된 환경이 많았어. 그런데 이번에는 감염자들이 버스나 비행기를 타고 이동을 했거든."

에볼라 바이러스가 바이러스 X의 말에 동의한다는 표정으로 설명했어요.

"말이 나왔으니 말인데, 사실 이번엔 라이베리아 재무부에서 근무하는 패트릭 소여라고 하는 감염자의 공이 컸어. 라고스 공항에서 내린 뒤 쓰러졌는데, 이 과정에서 의료진과 병원 관계자가 바이러스에 감염됐지. 라고스는 아프리카에서 가장 큰 도시이자 중앙아프리카와 서아프리카를 잇는 교통의 중심지로 1300만 명이 살고 있어. 그런데 바로 이 공항에서 쓰러졌으니, 전염병이 퍼지기엔 최적의 장소였지."

사람에게 에볼라 바이러스를 옮기는 과일박쥐

이때 민준이 나백신 박사를 향해 소곤거렸어요.

"아무래도 바이러스 X가 에볼라의 변종은 아닌 것 같아요. 에볼라에게 운이 좋았을 뿐이라고 자꾸 말하는 데다 에볼라처럼 치사율이 높았다면 지금쯤 한국은 난리가 났을 텐데, 아직까지 민지도 버텨주고 있잖아요. 제가 보기엔 다른 바이러스의 변종 같아요."

바로 그때 나백신 박사가 손뼉을 치며 말했어요.

"아! 기억났다! 바이러스 X와 비슷하게 생긴 바이러스를 예전에 본 적이 있어!"

나백신 박사의 핵심노트

한국의 에볼라, 한타

1976년 우리나라의 이호왕 박사는 한탄강 유역에서 체내 장기의 출혈과 고열을 유발하는 출혈열 바이러스를 최초로 분리해내 한타 바이러스라고 이름 지었어요.

출혈열은 1930~1940년대 만주와 러시아에서 유행하면서 세상에 알려지기 시작했어요. 이후 한국전쟁에서 유엔군 3200여 명이 바이러스에 감염되었고 중공군도 감염됐던 것으로 알려지면서 '한국형 출혈열'이라는 병명으로 세계의 주목을 받게 됐어요. 당시 원인 규명을 위해 미국에서는 두 명의 노벨상 수상자를 포함해 230여 명의 연구자를 우리나라에 투입해 15년간(1952~1967년)이나 연구했지만, 결국 병원체를 찾지 못하고 연구를 포기했지요.

이후 1976년 한국의 이호왕 박사가 한탄강 유역의 등줄쥐로부터 병원체를 추출해 세균이 아닌 바이러스임을 밝히고 이름을 한타 바이러스라고 지었어요. 연구진은 백신 개발에도 성공했어요. 병원체를 규명하고 진단법을 제시한 데 이어 예방 백신까지 만든 거예요. 이에 대한 공로로 이호왕 박사는 1976년 노벨상 후보로 추천되기까지 했지요.

한타 바이러스는 늦가을에 유행하는 신증후성 출혈열의 대표적인 원인으로 꼽혀요. 현재 신증후성 출혈열은 전 세계적으로 매년 약 15만 명에게 발생할 정도로 공중보건에 있어 큰 문제로 꼽히지요. 한타 바이러스는 만성 감염된 설치류의 타액과 분변 등을 통해 공기 중으로 바이러스가 배출돼 호흡기를 통해 전파된답니다. 따라서 쥐가 많이 서식하는 야외에서 눕거나 작업할 때 감염 위험이 높다고 해요. 주로 건조한 시기인 10~12월, 야외활동이 많은 사람이나 농부, 군인, 설치류 동물 실험을 하는 연구자 등에게서 빈번하게 발생하지요. 외출 후 손과 발을 잘 씻으면 예방된다고 해요.

초원은 한타 바이러스를 옮기는 쥐가 많이 서식하는 곳으로 감염 위험이 높은 곳으로 알려졌다.

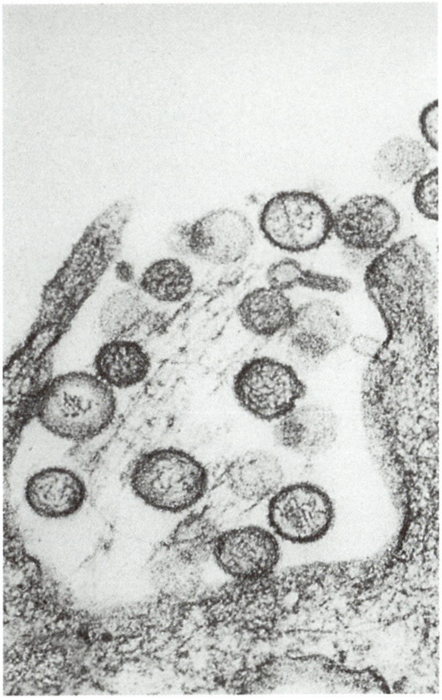

한타 바이러스

바이러스를 옮기는 설치류 중 하나인 목화나무쥐

에볼라의 모든 것

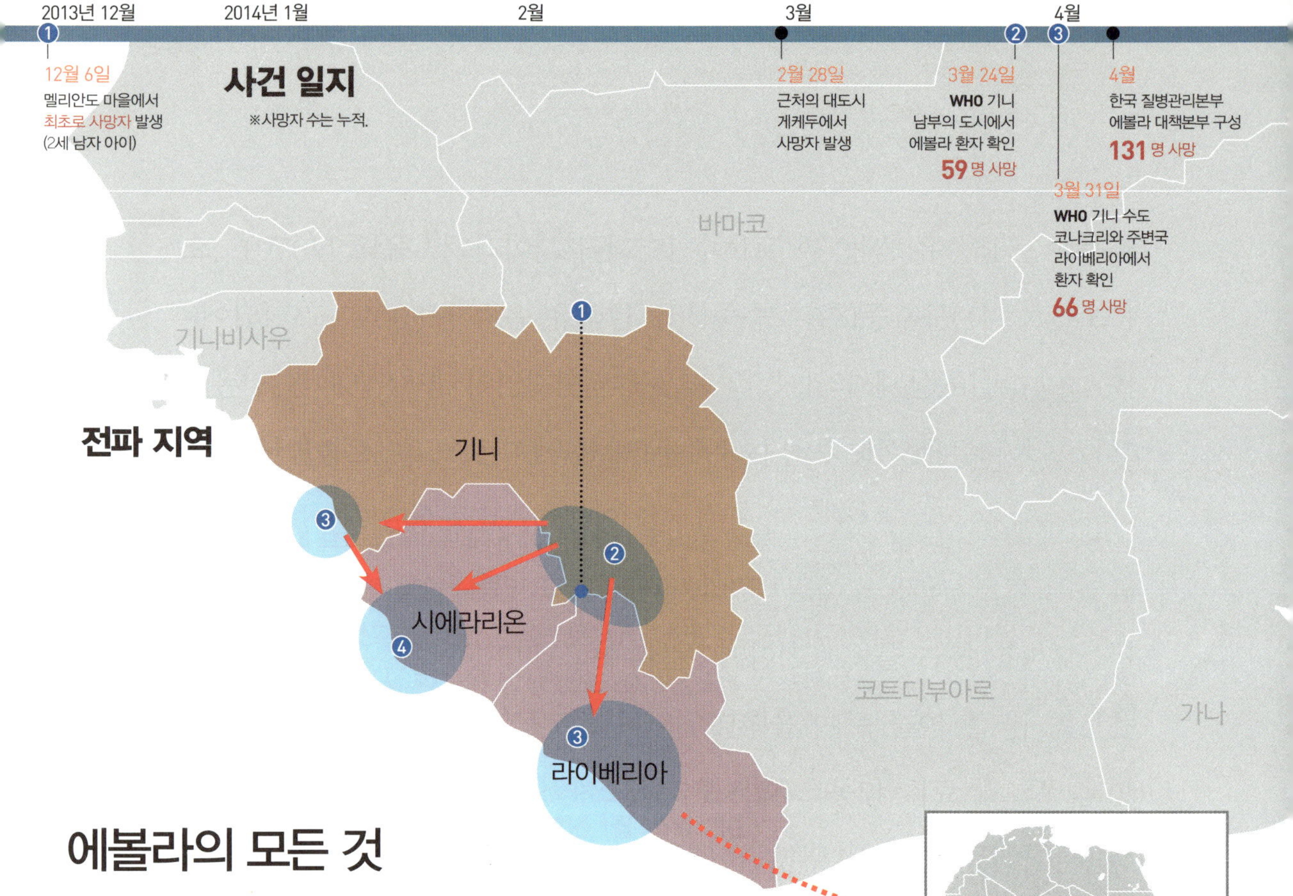

역사

- 에볼라는 1976년 중앙 아프리카 지역에서 처음 발생했어요. 그해 자이르(현 콩고민주공화국)의 에볼라 강 주변에서 에볼라 바이러스와 유사한 질병 증상이 보고되어 에볼라라고 불리기 시작했죠.
- 에볼라는 현재까지 수단, 자이르, 레스턴, 코트디부아르, 분디부교 다섯 종류가 있어요. 이 중 가장 위험한 종은 자이르로 지난 30년간 80~90% 이상의 치사율을 보였어요.

에볼라 생존법

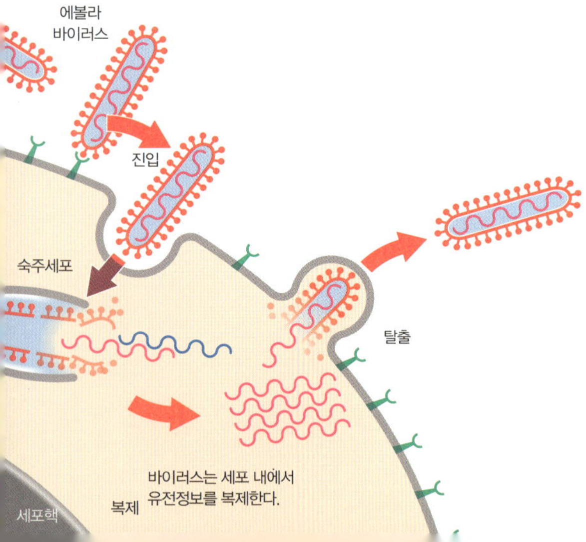

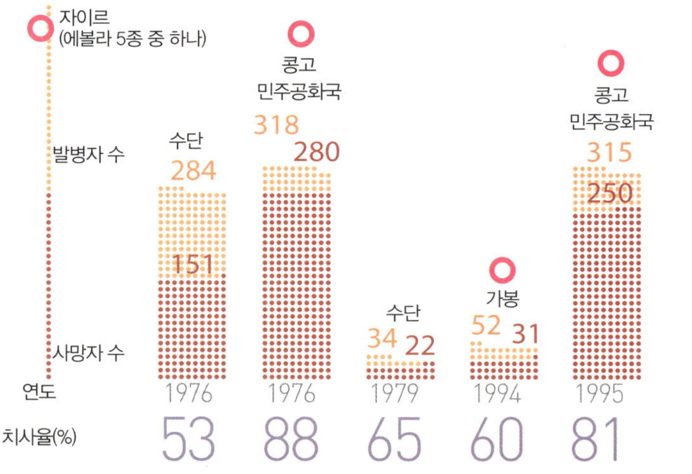

6월 · 7월 · 8월 · 9월

5월 27일
시에라리온에서
감염자와 사망자 확인
200 명 사망

6월 30일
시에라리온의
광산채굴 회사
일제히 철수
338 명 사망

7월 27일
나이지리아에서
에볼라 환자 발생
미국인 의사 켄트 브래틀리
에볼라 감염
729 명 사망

7월 28일
라이베리아
국경 폐쇄

7월 30일
시에라리온 수도
프리타운에서 환자
확인
826 명 사망

8월 4일
켄트 브래틀리
지맵(ZMapp) 사용
932 명 사망

8월 8일
WHO
세계공중보건
비상사태 선포
961 명 사망

8월 12일
WHO 지맵
사용 승인
1069 명
사망

8월 18일
카메룬,
나이지리아 방면
국경 폐쇄
1229 명 사망

8월 21일
켄트 브래틀리 퇴원
1350 명 사망

서아프리카
라이베리아,
기니,
시에라리온,
나이지리아
(8월 21일 기준)

나이지리아

감염 경로

- 야생동물과의 접촉을 통해 에볼라가 전파된답니다.
- 에볼라에 감염된 환자의 체액을 통해 전염되기도 해요. 에볼라 바이러스가 몸속에 있더라도 증상이 나타나기 전에는 에볼라가 전파되지 않아요.

치료법

- 증상에 대해서 치료하는 대증치료가 가장 널리 쓰여요.
- 미국 맵바이오텍에서 개발한 지맵(ZMapp)이 치료제로 2014년 WHO의 승인을 받았지만 안정성과 효과가 증명되지 않았어요.
- 미국 MSD에서 개발한 백신 어베보(rVSV-ZEBOV)가 2019년에, 미국 리제네론에서 개발한 치료제 인마제브가 2020년에 각각 미국 식품의약국(FDA)으로부터 승인을 받았어요.

증상

- 잠복기를 거쳐 열, 오한, 두통, 식욕부진, 근육통 등의 증상이 나타나요.
- 가장 치명적인 증상은 내부의 출혈이랍니다. 우리 몸의 면역을 담당하는 대식세포는 에볼라 바이러스를 잡아먹는 과정에서 혈액을 응고시키고 혈관에 손상을 줄 수 있는 이산화질소를 분비해요.
- 실제 가장 많은 사망자가 과다출혈로 인한 저혈압 및 쇼크사로 사망해요. 일부 환자의 경우 탈수증상으로 사망하기도 하죠.

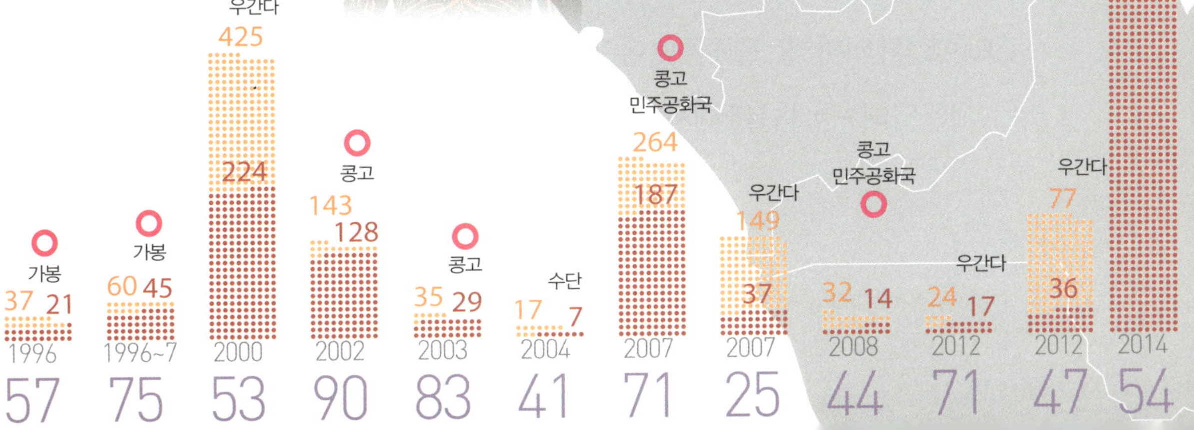

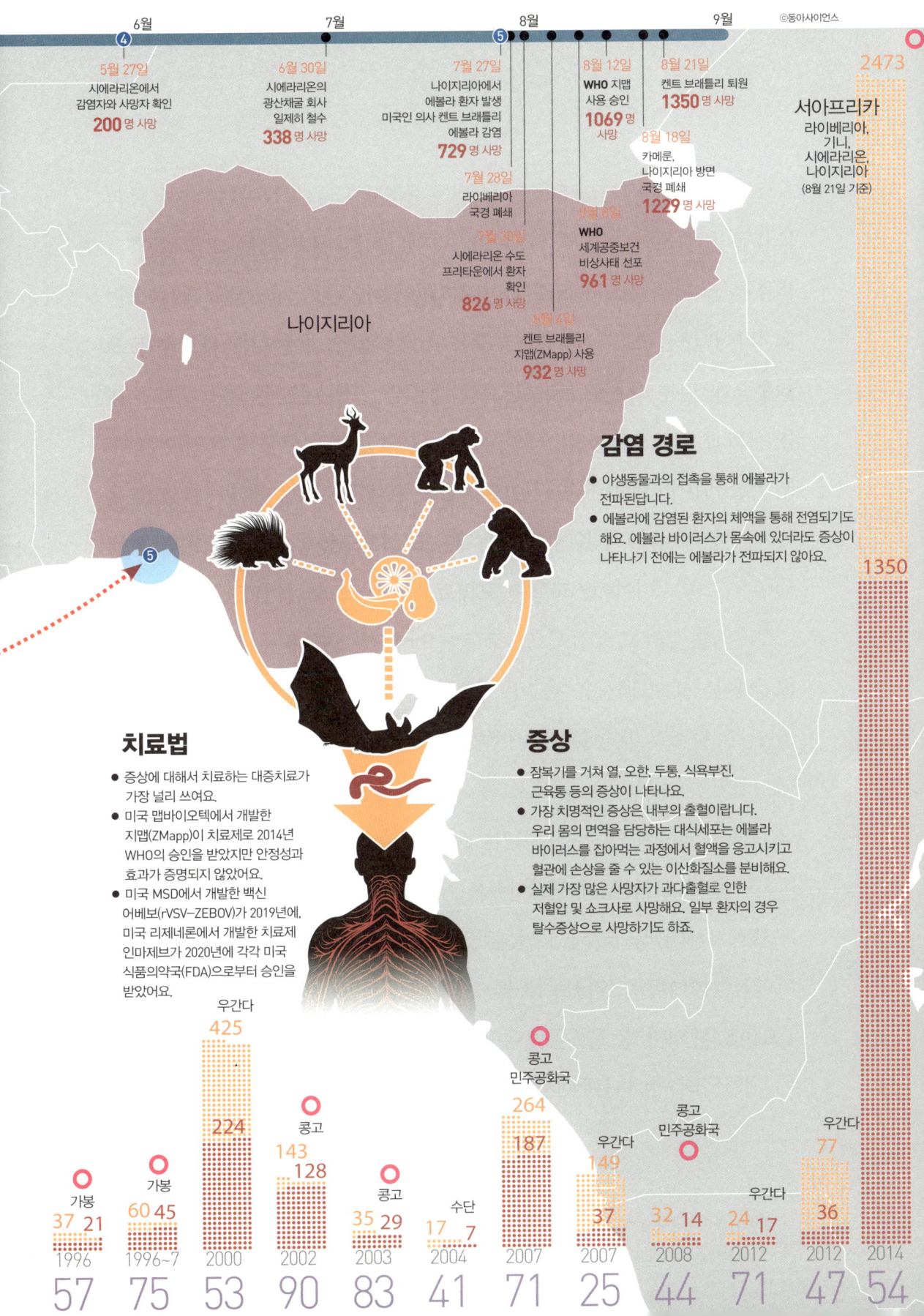

속수무책으로 당한 한국의 메르스

나백신 박사가 민준에게 설명했어요.

"바이러스 X를 자세히 보면 코로나 바이러스와 형태가 비슷해. 코로나(corona)는 라틴어로 왕관을 의미하지. 표면이 왕관같이 돌기가 삐져나온 모양이면서 태양 표면의 코로나를 닮기도 해서 붙은 이름이야. 코로나 바이러스 계열의 전염병이 뭔지 아니?"

나백신 박사의 질문에 민준은 고개를 절레절레 흔들며 답변을 재촉했어요.

"아니요, 잘 모르겠어요. 코로나 바이러스 계열의 전염병이 뭔데요?"

"바로 메르스야. 메르스는 RNA 바이러스 계열의 신종 코로나 바이러스였지. 게다가 바이러스 X가 자신이 최근 유행한 전염병의 변종이라고 하지 않았니?"

나백신 박사가 이어 설명했어요.

"RNA 바이러스는 구조가 불안정하니까 변이도 쉽게 일어나지. 우리나라에서 발생한 메르스만 해도 중동에서 발견한 메르스 바이러스와 100% 일치하지 않으니까 말이야."

나백신 박사는 민지의 몸속 구석구석을 둘러보며 생각했어요.

'열도 높고, 기침에 가래, 후두에 염증까지 있는 걸 보니 메르스 증상과 비슷하군. 변종이라면 분명 우리가 아는 메르스와 다른 점이 있다는 건데……. 그게 대체 뭘까?'

나백신 박사는 조사를 위해 시치미를 떼고 바이러스 X에게 물었어요.

"에볼라 바이러스의 위력이 이 정도인데, 정말 네가 더 세다고? 네가 어떤 변종인지도 모르는데 네 말을 어떻게 믿지?"

바이러스 X가 나백신 박사의 질문에 발끈해 대답했어요.

"나를 알려면 메르스를 알아야 해. 내가 메르스의 변종이니까."

바이러스 X의 말에 민준과 나백신 박사는 눈빛을 주고받았어요.

"그렇지만 난 메르스보다 한 수 위지."

나백신 박사는 기회를 잡았다는 표정으로 질문을 이어 갔어요.

"메르스랑 뭐가 다르지? 뭐가 더 위협적이라는 거야?"

바이러스 X가 혀를 끌끌 차며 말했어요.

"진정해. 내가 얼마나 대단한지 궁금하겠지만, 우선 메르스부터 알고 오라고. 한국 사람들이야 내 위력에 대해 너무 잘 알겠지만 최근에 발생한 병이라 너희 같은 미생물은 잘 모르잖아!"

민준은 순간 '왜 몰라, 내가 한국 사람인데!'라는 말이 턱까지 올라오는 걸 삼키며 정체를 숨기기 위해 시치미를 떼고 물었어요.

"아까부터 말로만 자기가 대단하다고 하고 말이야. 얼마나 대단한지 직접 보여주지 그래! 에볼라의 위력보다, 또 메르스보다 네가 더 대단한 이유가 뭔데?"

바이러스 X가 귀찮아하는 표정으로 말했어요.

"참 나, 또 보여줘야 해? 하긴 뭐, 나에 대한 이야기니까 제대로 소개하는 게 좋겠지! 단, 이번이 마지막이다. 이제부터 엄청 바빠질 거거든. 나도 전염병 바이러스로서 원대한 목표가 있다고! 그럼 메르스부터 소개해 주지. 이왕 가는 거 내가 좋아하는 낙타를 타고 사막을 한 번 여행해 볼까? 출발한다!"

민준과 나백신 박사는 준비할 새도 없이 사막에 도착했어요.

"아휴, 진짜 덥긴 하다. 얼른 끝내고 돌아가자고! 일단 메르스에 대해 설명해 주지. 너희가 있던 아이의 몸 봤지? 고열에 기침, 호흡이 불규칙한 게 메르스의 대표적인 증상이야. 그나마 이 아이는 건강했으니까 이 정도지, 만성 질환이 있는 환자들의 경우 폐렴, 급성호흡부전이나 급성신부전 같은 합병증이 함께 나타나. 참, 치료제나 백신은 다행히도 아직 개발되지 않았어."

바이러스 X의 설명에 나백신 박사가 질문했어요.

"아이의 몸에 들어온 지 얼마나 된 거지?"

바이러스 X가 답했어요.

"한 일주일 정도? 변종이긴 하지만 잠복기와 증상은 메르스와 비슷해. 보통 잠복기는 2~14일 정도인데, 이때는 우리도 수를 늘려야 하기 때문에 겉으로는 아무 증상도 나타나지 않지."

더위를 참지 못한 민준이 둘의 대화에 끼어들었어요.

"그런데 이 더운 곳엔 왜 온 거야?"

바이러스 X가 설명했어요.

"거 봐. 메르스에 대해 모를 줄 알았다니까. 메르스가 가장 많이 발생하는 곳이 바로 중동이니까 온 거지. 메르스의 약자인 MERS(Middle East Respiratory Syndrome, 중동호흡기증후군)만 봐도 알 수 있잖아! 대부분의 환자와 사망자가 사우디아라비아(1010명 감염, 442명 사망)에서 나왔고, 요르단이 19명 감염에 6명 사망, 카타르가 13명 감염에 4명이 사망했지(2015년 5월 29일 기준). 왜 아프리카에서 감염자가 많았는지 알아? 바로 이 낙타와 박쥐가 메르스의 주요 숙주였거든."

나백신 박사가 바이러스 X를 대신해 민준에게 설명했어요.

"메르스는 아직 명확한 감염원과 감염 경로가 확인되지 않았지만 중동 지역 낙타와의 접촉을 통해 감염될 가능성이 높다고 알려졌지."

바이러스 X가 낙타의 등을 어루만지며 말했어요.

"참, 그러고 보니 한국에서 메르스 감염자가 나왔을 때 동물원에 있는 낙타들을 격리했던 일이 생각나네. 한국에 있는 낙타는 태어나서 중동에 가 본 적조차 없다는데 말이야. 우리 입장에선 재미있는 일이었지."

바이러스 X는 그때의 일이 생각난 듯 웃다가 다시 설명을 이어 갔어요.

"한국은 메르스 감염자가 186명, 사망자는 38명으로 다섯 명 중 한 명꼴로 사망했어. 치사율은 20%를 넘겨서 전 세계에서 메르스 감염국 2위가 됐지. 감염 위험이 있어 격리된 사람만 약 1만 7000명으로, 천식이나 고혈압 같은 만성질환이 있는 70~80대 노인에게 더 치명적이었지만 특별한 질환이 없던 40~60대 환자가 사망하기도 했어. 건강했던 30대 의사와 경찰관도 에크모* 치료까지 받을 정도였는데 변종인 나는 더 강력하단 말이지."

민준은 민지가 걱정돼 바이러스 X의 답변을 재촉했어요.

"그래서 네 최대 강점이 도대체 뭐냐고!"

---

* 에크모(ECMO) : 환자의 몸에서 혈액을 빼내 산소를 공급한 뒤 다시 넣어주는 장치로 체내 충분한 산소를 공급할 수 없을 때 사용해요.

바이러스 X가 회심의 미소를 띠며 말했어요.

"급하기는. 내 강점은 공기로도 전염이 가능하다는 거야. 전염병이 병원에서 많이 감염되는 이유가 뭔지 알아? 좁은 공간에 많은 사람이 밀집되어 있는 데다 병원에 있는 사람들은 우리 바이러스가 숙주로 삼기 좋은 고령자와 면역저하자 등 병에 취약한 환자들이거든. 특히 응급실은 위급환자가 넘쳐나잖아. 인공호흡을 위해 입이나 코에 튜브를 삽입하거나 가래를 빼기 위해서 석션(빨아들이는 장치)을 사용하다 보면 다량의 바이러스를 함유한 에어로졸**이 생길 수 있지. 에어로졸은 공기를 통해 이동하기 때문에 보통 기침을 통해 감염되는 범위인 2미터보다 더 넓고 멀리 퍼질 수 있어. 그런데 여기에 공기로도 감염된다면?"

하얗게 질린 나백신 박사가 조용히 대답했어요.

"만약 응급실이 병동과 에어컨이나 환풍 장치를 함께 쓴다면 병원 내 공기가 순환하면서 병원 전체를 감염시킬 수도 있겠지."

바이러스 X가 입꼬리를 올리며 말했어요.

"어디 그뿐일까? 감염된 사람이 지하철을 타고 장시간 이동한다면, 학교에서 함께 하루 종일 수업을 듣는다면 어떻게 될까?"

나백신 박사의 얼굴이 점점 더 하얗게 질려 갔어요.

"민준아, 큰일이구나. 메르스는 예방주사도 치료제도 없어. 더구나

** 에어로졸: 수 마이크로미터[㎛] 크기의 작은 고체 입자나 액체 방울(1㎛=1m의 100만 분의 1).

변종이라면 백신을 개발한다 해도 시간이 많이 걸릴 텐데……. 게다가 공기로 감염된다니 문제가 심각하구나."

민준은 다급한 목소리로 물었어요.

"치료법은 없어요? 완치된 사람들도 있었잖아요!"

나백신 박사가 민준을 달래며 차분히 설명했어요.

"증상을 완화하는 것밖에 다른 방법이 없어. 열이 나면 해열제를 쓰고 콜록거리면 기침이 멎는 약을 쓰는 거지. 특히 메르스는 폐를 공격해서 호흡기 질환을 일으키기 때문에 호흡기 치료가 주가 될 거야. 여기에 항바이러스제인 리바비린과 면역증강제인 인터페론을 써서 바이

러스에 맞설 힘을 키우는 치료를 추가하는 거지. 자세한 이야기는 가면서 하자꾸나. 어서 빨리 사람들에게 이 사실을 알려야 해!"

바로 그때였어요.

"아, 그런데 이번에는 세균도 함께하기로 했어."

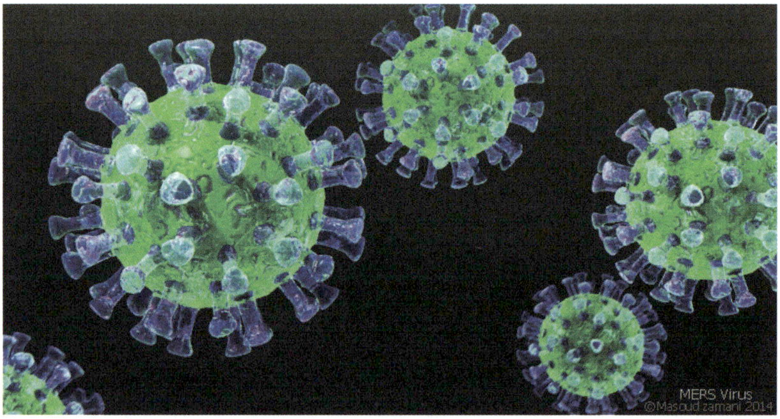

메르스 바이러스의 3D 이미지.
RNA 바이러스인 메르스는 구조가 불안정해 변이가 쉽게 일어난다.

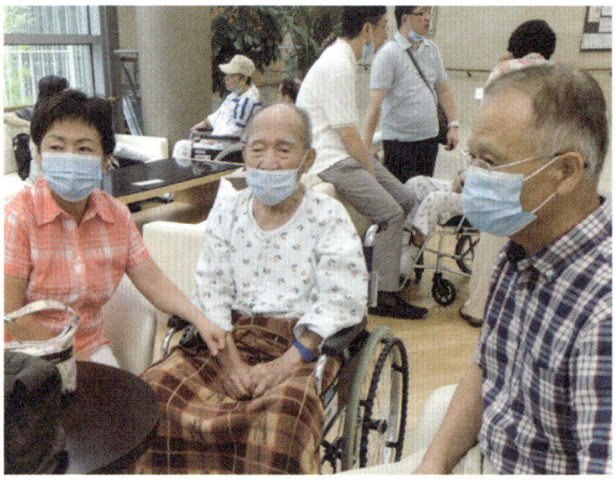

지난 2015년 메르스가 한국에서 유행하면서
감염 예방을 위해 마스크를 쓴 시민들
ⓒ Jina K

바이러스 X의 말에 나백신 박사는 동작을 멈추고 다시 세균 Z를 바라봤어요. 그러자 세균 Z가 어깨를 으쓱하며 말했어요.

“이번에 전염병의 새 역사를 함께 써 보기로 했지. 가장 강력한 전염병으로 기록될 거야.”

메르스의 숙주로 지목되고 있는 중동의 낙타

토론왕 되기

빅데이터 분석으로 전염병의 양상을 예측한다!

지난 2009년 6월, 세계보건기구(WHO)는 41년 만에 감염병 경보의 최고 단계인 6단계 '판데믹(Pandemic)'을 선포했어요. 국내에서도 75만 명의 확진자를 기록한 '신종플루' 때문이었지요. 신종플루가 세계적으로 확산된 가장 큰 원인은 숙주인 인간이 경험하지 못한 형태로 바이러스가 변화했기 때문이에요. 일종의 생존전략이라고 할 수 있지요.

신종플루가 유행한 이후, 미국을 포함한 여러 나라에서 시뮬레이션을 기반으로 한 다양한 대응 기술들을 개발하고 있어요. 미국 질병관리본부에서는 2009년부터 인플루엔자의 확산을 예측하기 위해 커뮤니티플루(CommunityFlu) 2.0, 플루에이드(FluAid) 2.0, 플루서지(FluSurge) 2.0 등의 소프트웨어를 개발해 활용하고 있어요. 이 프로그램들은 수학적인 모델을 기반으로 만들어졌지요. 새로운 종류의 인플루엔자가 유행할 때를 가정해 확산 패턴에 따른 효율적인 대응 시나리오와 일반 병상, 중환자실 수, 인공호흡기 같은 병원 자원 현황 등의 정보를 제공해요. 시뮬레이션을 통해 대책을 세우는 거죠.

뿐만 아니라 빅데이터를 활용한 대비책도 준비하고 있어요. 이른바 이슈 스캐닝(Horizon Scanning)이라고 해서 언론 보도와 잡지, 학술정보, 소셜 네트워크 등의 정보를 수집해 위험을 알리는 예비 신호를 감지하는 방법이에요. 싱가포르에서 실시하고 있는 위험 평가와 이슈 스캐닝 프로젝트가 대표적인 사례랍니다. 2004년 7월, 싱가포르 총리실 산하 국가안보조정사무국(NSCS) 내에 국가 위기 관리 시스템을 마련하면서 시작됐어요. 생명의료, 대테러 정보, 해상안전 등 총 7가지 분야에 대한 빅데이터 분석을 기반으로 국가적인 위험과 대안 등을 예측하고 있지요. 실제로 2007년 조류독감이 싱가포르에 전파됐을 때 빅데이터를 통해 발생 가능한 가상 시나리오를 연구하고 대응방안을 제시하기도 해 눈길을 끌었어요.

빅데이터와 관련해 2015년 8월에는 휴대전화 데이터와 전염병 발병 간의 관계를 연구한 결과도 나왔어요. 프린스턴 대학과 하버드 대학 연구팀은 케냐에서 1500만 명의 통화 기록을 분석해 풍진과의 관계를 파악했어요. 연구팀은 2008년 6월부터 2009년 6월까지 1년 동안, 사람들이 전화를 걸거나 문자를 보낸 장소 정보가 포함된 익명의 데이터 120억 건을 수집해 풍진이 발생한 지역과 비교했지요. 놀랍게도 피험자들의 이동 패턴은 지역별 풍진의 발생 정도와 일치했어요. 연구팀은 휴대전화의 이동 데이터를 활용하면 전염병의 발생과 확산을 예측할 수 있어 전염병에 대응하는 데 도움이 된다고 의의를 밝혔어요.

21세기에 들어오면서 인류는 다양한 종류의 신종 감염병과 전쟁을 치르고 있어요. 과학기술이 완전한 방패가 될 수는 없겠지만, 적어도 지금보다는 피해를 줄이는 데 도움을 줄 수 있지 않을까요?

바이러스성 전염병에 대한 설명 중 잘못된 것을 고르세요

① 독감 예방접종은 매년 맞아야 해요.
② 스페인 독감과 신종플루는 인플루엔자 B형이에요.
③ 에볼라 바이러스는 아직까지 백신이 없어요.
④ 조류 인플루엔자 바이러스는 조류와 인간을 감염시키는 인수공통전염병이랍니다.
⑤ 전염병인 사스(SARS)를 일으키는 바이러스는 메르스와 같은 코로나 바이러스의 일종이에요.

메르스 바이러스

정답 ② 스페인 독감과 신종플루는 인플루엔자 B형이에요.
인간을 감염시키는 인플루엔자 바이러스는 A형과 B형이 있어요. 그중 스페인 독감과 신종 인플루엔자, 아시아 독감, 홍콩독감 등 대유행을 일으킨 것은 모두 A형이랍니다.

4장

인류, 전염병에 맞서다

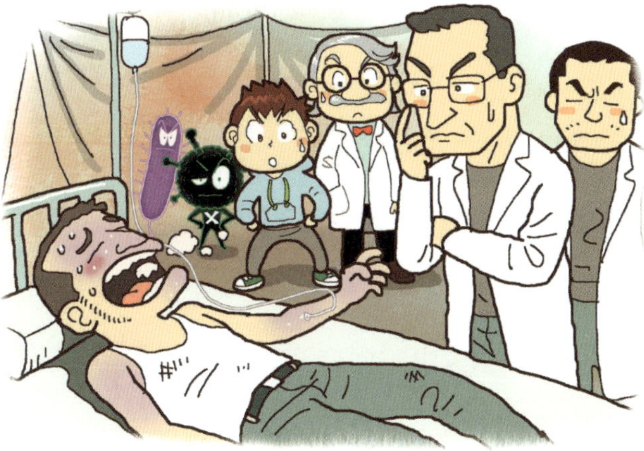

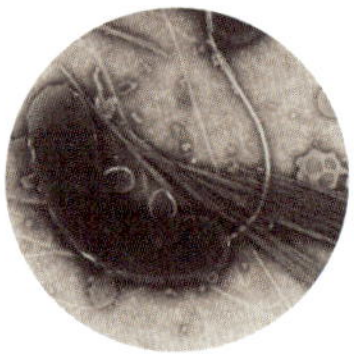

예방이 시작!

민준과 나백신 박사는 서둘러 기도(공기가 폐로 전달되는 통로)를 따라 민지의 콧구멍으로 이동했어요.

"세균까지 함께하게 되다니 큰일이구나. 너무 늦은 것은 아니어야 할 텐데. 게다가 바이러스성 전염병은 변신을 잘하기 때문에 안타깝게도 치료제 개발이 어렵단다. 치료제를 개발했다 싶으면 재빠르게 돌연변이를 만들어 내거든. 물론 항바이러스제도 있긴 하지만 바이러스의 증식을 억제하기만 할 뿐 잠복해 있는 바이러스를 직접 죽이지는 못해. 반면에 바이러스의 위세는 점점 강해지고 있지. 기존 바이러스도 아직 해결하지 못했는데 새로운 변종들이 계속 나타나고 있단다."

민준이 나백신 박사의 말에 걱정스러운 표정으로 말했어요.

"그럼 미리 예방하는 것밖에 다른 방법이 없겠네요. 예방법은 저도 알아요. 메르스를 겪으면서 엄마에게 귀에 딱지가 앉도록 들었거든요. 집에 돌아오면 꼭 손을 씻어야 하는 거 맞죠?"

고개를 끄덕이며 나백신 박사가 말했어요.

"병원체가 세균이건 바이러스건 손 씻기는 예방법의 기본 중에 기본이지. 외출했을 때나 밖에서 놀 때를 생각해 보렴. 버스 손잡이나 놀이터 미끄럼틀 등 많은 것들을 만지지? 우리 눈에 보이지는 않지만 그 속에 바이러스가 포함돼 있을 가능성이 높단다. 과학자들은 지구상에 약 4000종 이상의 바이러스가 존재하는 것으로 추정하고 있어. 그러니 바이러스에 감염되지 않으려면 외출한 뒤에 꼭 손을 씻어서 체내로 바이러스가 들어가지 못하도록 해야 한단다. 평소에 손으로 눈이나 코를 만지지 않는 습관을 들이고 사람이 많은 곳에서는 마스크를 쓰는 것이 좋지."

민준은 콧구멍을 향해 뛰어가며 나백신 박사의 말에 대답했어요.

"또 있어요! 평소에 건강관리를 잘해서 면역력을 높여야 한다고 했어요."

나백신 박사가 가쁜 숨을 내쉬며 말했어요.

"면역력이 떨어지면 아무래도 병에 걸리기 쉬우니까 평소 몸을 따뜻하게 하고 꾸준히 운동도 해야 한단다. 충분히 자면서 스트레스를 적게

받는 것도 중요한데, 우리나라는 과로와 수면 부족이 일상화되어 있기 때문에 평소 생활습관부터 고쳐야 면역력을 높일 수 있지."

민준이 고개를 끄덕이자, 나백신 박사가 이어서 설명했어요.

"또 위생에도 신경 써야 한단다. 물은 생수를 마시거나 끓여 마시고, 식재료도 깨끗하게 씻어서 충분히 가열해서 먹는 것이 좋지. 특히 여름철에는 음식이 쉽게 상하기 때문에 이상한 냄새가 나거나 색이나 모양이 변한 음식물은 먹지 말아야 한단다. 조리 기구는 사용한 후에 잘 씻어서 말려야 하는 건 물론이고."

민준이 재빨리 받아쳤어요.

"재채기를 할 때는 휴지나 손수건으로 입을 가리고 말이죠."

나백신 박사가 대답했어요.

"그렇지. 실내외를 자주 환기시키는 것도 좋단다."

그때 민준이 손가락으로 앞을 가리키며 말했어요.

"앗! 박사님, 저기 빛이 보여요. 도착했나 봐요!"

나백신 박사도 빛을 보고 말했어요.

"그래! 어서 사람들에게 알리자꾸나! 한시가 급해."

나백신 박사의 핵심노트

전염병을 예방하는 손 씻기!

손만 잘 씻어도 각종 감염으로 인한 질병을 예방할 수 있어요. 손 씻기는 다음의 6단계에 따라 자주, 구석구석 깨끗하게 씻는 것이 중요하답니다.

❶ 손바닥과 손바닥을 마주 대고 문질러 주세요.
❷ 손가락을 마주 잡고 문질러 주세요.
❸ 손등과 손바닥을 마주 대고 문질러 주세요.
❹ 엄지손가락을 다른 편 손바닥으로 돌려주면서 문질러 주세요.
❺ 손바닥을 마주 댄 후 손깍지를 끼고 문질러 주세요.
❻ 손가락을 반대편 손바닥에 놓고 문지르면서 손톱 밑을 깨끗하게 해 주세요.

❶

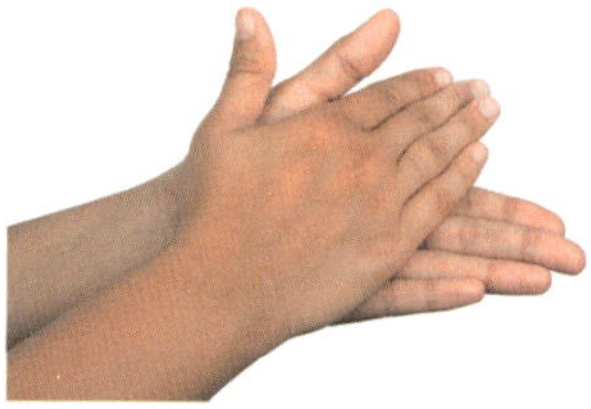

❷

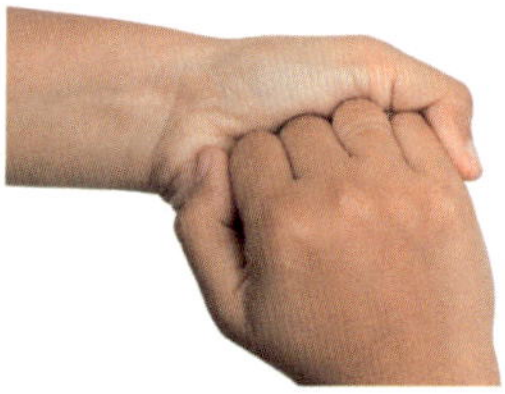

❸

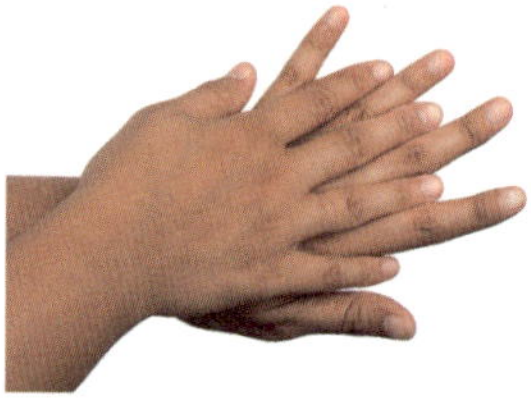

❹

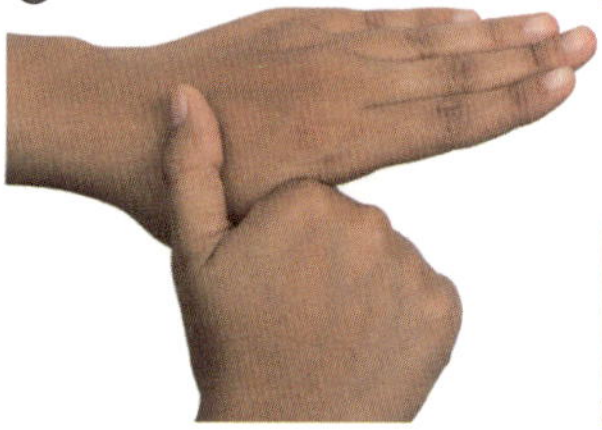

❺

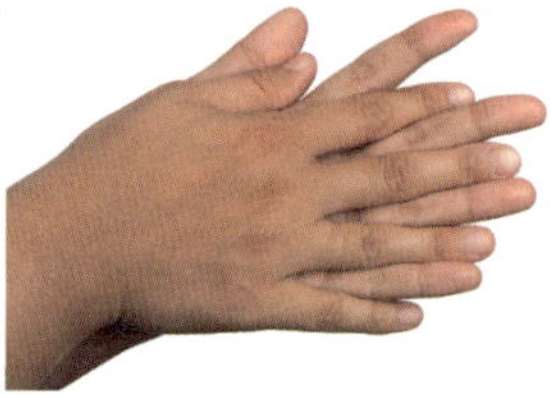

❻

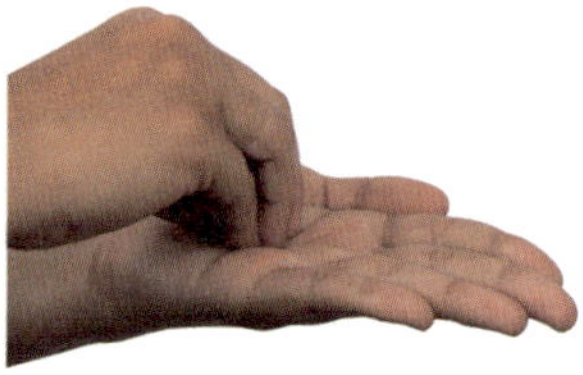

미래의 전염병 vs 백신

6개월 뒤.

수많은 기자들이 카메라를 들고 나백신 박사와 민준의 주변을 둘러싸고 있었어요.

그때 기자 한 명이 손을 들고 질문했어요.

"내일 드디어 전염병 종식 선언을 한다고 들었는데요. 그동안 어떻게 치료하셨는지 설명 부탁드립니다!"

그러자 나백신 박사가 말했어요.

"이번 전염병의 원인이 된 바이러스는 메르스의 변종으로 증상이 메르스와 비슷했습니다. 폐를 공격해 급성 폐렴과 호흡 곤란, 급성신부전을 일으켰고 기침과 가래 등을 유발했습니다. 치료제가 없어서 증상에 맞춰 완화시키는 치료와 함께 백신 연구도 진행했습니다."

이번엔 다른 기자가 질문을 했어요.

"이번 전염병이 공기 전염인데도 빠르게 종식된 데는 나백신 박사님의 말이 절대적이었다고 하던데요. 공기 전염이 가능한 변종이라는 점을 도대체 어떻게 알아내신 겁니까? 감염 전문가들도 당시 병원체의 특성을 알아내는 데 애를 먹고 있었는데요!"

나백신 박사는 옆에 앉아 있는 민준에게 찡긋 눈짓을 하고는 헛기침을 하며 말했어요.

"흠흠, 그것보다 중요한 건 다행히도 피해를 최소화했다는 점 아닐까요? 여러분도 아시다시피 전염병이 더 이상 확산되지 않도록 바이러스에 노출된 사람들을 철저하게 추적해 격리했습니다. 병원 감염을 막기 위해 병원의 공기 정화 시스템을 강화하고 환기 시스템을 점검해 원내에서 공기가 돌지 않도록 조치했고요. 학교같이 많은 사람들이 모이는 곳은 휴교 등의 조치를 취해 바이러스가 확산될 수 있는 환경을 차단하는 데 주력했습니다. 늘 마스크를 쓰고 외출 뒤에는 손을 씻는 등 예방수칙에 대한 교육과 홍보에도 주력했고요. 무엇보다 공기 전염인데도 빨리 종식될 수 있었던 것은 모두가 함께 노력한 덕분이 아닌가 싶습니다."

이때 또 다른 기자가 질문을 쏟아냈어요.

"이번 전염병의 특징 중 하나가 세균성과 바이러스성이 함께 진행됐다는 점인데요. 전염성 세균은 어떻게 치료하셨고 어떻게 알게 되신 겁니까?"

나백신 박사가 또다시 헛기침을 하며 말했어요.

"아까도 말씀드렸다시피 제가 무엇을 어떻게 했다는 것보다 희생이 적었다는 점을 더 강조하고 싶습니다. 처음에는 정확히 어떤 세균인지 밝혀내지 못한 상황에서 치료를 시작했습니다. 다행히도 항생제는 과거부터 꾸준히 연구된 분야로 다양한 항생제가 많아 이번 전염병의 원인이 되는 세균에 직접적인 영향을 미칠 수 있는 항생제들을 찾을 수 있었습니다."

"백신 개발 진행 상황은 어떻습니까?"

기자들의 질문이 쉴 새 없이 이어졌어요.

"아직 개발까지는 많은 단계가 남아 있지만 희망을 가지고 노력하고 있습니다. 백신이 있어야 전염병을 예방하고 많은 사람들을 살릴 수 있기 때문에 개발하는 데 오래 걸리더라도 포기하지 않을 것입니다. 시간상 질문 하나만 더 받겠습니다!"

나백신 박사의 핵심노트

전염병 화학 치료의 역사

항생제의 역사는 오래됐어요. 1908년 노벨 생리의학상을 수상한 파울 에를리히는 세균을 화학적으로 치료한 화학요법의 창시자로, 매독 특효약인 살바르산 606호와 네오살바르산을 개발했어요. 이후 독일의 게르하르트 도마크가 프론토질이라는 항균제를 발견해 실용화했지요. 도마크는 1932년 술폰아마이드기를 가진 빨간색 프론토질이 포도알균과 용혈성 폐렴연쇄구균에 항균작용을 일으킨다는 사실을 최초로 발견하여, 1935년부터 상품으로 판매했어요. 이 약은 제2차 세계대전에서 많은 군인들과 심한 폐렴에 걸린 영국 수상 처칠의 목숨을 살렸답니다. 도마크는 이 공로로 1939년 노벨생리의학상 수상자로 결정됐으나 나치 정부의 방해로 수상하지는 못했어요. 하지만 이 약 덕분에 사람들은 전염병을 공포의 대상이 아닌 치료의 대상으로 생각하게 됐어요.

1940년 하워드 플로리와 언스트 체인은 알렉산더 플레밍이 발견한 페니실린을 실용화하는 데 성공했어요. 두 과학자는 세균에 감염된 쥐 실험을 통해 페니실린의 항생 효과를 입증했고, 1941년 2월 포도알균에 감염된 환자를 대상으로 임상시험을 진행했어요. 이어 1943년 인류 역사상 최초로 항생제를 대량생산하는 데 성공해 항생제를 이용한 전염병 치료의 문을 열었답니다.

이후 많은 연구자들이 미생물로부터 화학제제를 얻고자 노력했어요. 프랑스의 왁스먼은 1943년 방선균의 일종인 미생물 배양액에서 또 다른 항생물질을 추출해냈어요. 이 물질은 페니실린으로 해결할 수 없었던 장티푸스와 결핵균을 비롯해 많은 세균에 효과가 있었지요. 다음 해 왁스먼은 이 물질을 이용해 '스트렙토마이신'이라는 약을 출시했는데, 이는 오늘날 아미노글리코사이드라 부르는 물질이에요. 왁스먼은 이 공로로 1952년 노벨생리의학상을 수상했어요. 특히 이

약은 당시 전염병 중 치사율이 가장 높았던 결핵에 탁월한 효과를 보여 더 주목을 받았고, 백일해, 장내구균성 심내막염, 페스트, 야토병, 브루셀라 감염증에도 이용됐답니다.

지금까지 발견된 항생물질은 약 5000개 정도로 알려져 있어요. 이를 토대로 3만 개 이상의 항생물질 후보를 찾았고 이 중 50종 이상이 사람에게 사용되고 있지요. 스트렙토마이신 이후에도 항균 효과를 지닌 미생물들이 계속 발견됐어요. 곰팡이, 효모, 버섯 등을 포함해 7만 2000종 이상의 균종으로 구성된 미생물군인 진균으로부터 세균, 리케차, 바이러스, 암세포의 증식을 억제하는 물질을 분리하는 데도 성공했지요.

문제는 항균제를 개발하고 사용함에 따라 점차 내성균들도 생겨나고 있다는 점이에요. 실제 결핵 치료제에 내성을 지닌 결핵균들이 나타나면서 최근 결핵 환자가 늘고 있답니다. 이제 항생제 개발은 점점 진화하는 내성균과의 전쟁이라고 볼 수 있어요.

하워드 플로리

언스트 체인

페니실린 샘플

페니실린을
대량생산하기 위한
발효기

마지막 질문이라는 말에 기자들의 질문 경쟁이 치열해졌어요.

이때 한 기자가 다른 기자가 말을 하려고 숨을 고르고 있는 사이 재빠르게 질문했어요.

"백신은 정확히 어떤 역할을 하는 거죠?"

나백신 박사는 차분히 설명을 이어 갔어요.

"백신의 성분은 가짜 병균이나 바이러스인데, 인체에 투여하면 우리 면역계는 이를 '진짜'로 인식하고 병원체와 싸울 항체를 만들죠. 백신은 방패, 항체는 일종의 군대라고 생각하면 됩니다. 항체를 미리 만들어 두면 진짜 병원균이 들어왔을 때 우리 몸이 빠르게 대응할 수 있습니다. 독감 바이러스의 경우 백신을 접종하면 60~90%는 예방이 가능하고, 홍역이나 풍진, 유행성 이하선염, 소아마비, 일본뇌염, 인플루엔자, B형 간염, 광견병 같은 바이러스도 예방접종이 효과적입니다. 따라서 이번 백신 개발에 성공한다면 수년 전 유행한 메르스의 변종이 다시 유행해도 어느 정도 예방이 가능할 것입니다."

나백신 박사의 말이 채 끝나기도 전에 한 기자가 손을 번쩍 들고 물었어요.

"그렇다면 메르스 변종이 다시 유행할 수도 있다고 보십니까?"

기자의 질문에 나백신 박사는 낮은 한숨을 쉬고 답했어요.

"물론입니다. 안타깝게도 또 다른 변종이 나올 수도 있다고 봅니다."

기자들의 플래시 세례가 이어지자 나백신 박사는 안도와 씁쓸함이 뒤섞인 표정으로 민준의 머리를 쓰다듬고는 함께 기자회견장을 빠져나갔어요.

토론왕 되기!

빠르게 변화하는 병원체, 어떻게 대응해야 할까요?

전염병으로 전 세계가 몸살을 앓고 있어요. 전염병은 고대부터 인류를 괴롭혀 왔는데, 지금도 변화를 거듭하며 인류를 위협하고 있답니다. 과거와 비교해 21세기 전염병의 특징은 무엇일까요?

우선 인수공통전염병이 늘고 있어요. 2019년부터 전 세계를 공포로 몰아넣은 코로나19는 낙타와 같은 동물로부터 사람에게 전파된 것으로 추정하고 있어요. 과거 전염병은 한 종 안에서만 감염이 됐었는데, 이제는 박쥐를 1차 감염원으로 사람도 2차 감염될 수 있다는 거죠. 또 에이즈도 원숭이에서 왔다는 연구가 설득력을 얻고 있어요. 이 밖에 광우병이나 조류독감 등도 모두 소와 새 등 동물과 사람에게 전염되는 병이랍니다.

인수공통전염병이 늘어나게 된 원인은 다양해요. 전문가들은 기존에도 인수공통전염병이 많았지만 진단을 하지 못했을 뿐이고 현재는 의학기술의 발달로 새로운 질병을 진단하는 기술이 향상됐기 때문이라고 하기도 해요. 또 과거보다 동물과 접촉할 기회가 많아졌기 때문이라는 의견도 있어요. 인류가 자연을 파괴하면서 그동안 접촉할 기회가 적었던 동물들과의 접촉이 늘어났다는 거죠. 또 다른 변화는 변종이 많이 늘었다는 거예요. 우리가 사는 생활환경의 변화 속도가 빨라지면서 병원체들이 쉽게 변이를 일으킬 수 있는 환경이 됐어요. 환경 변화는 생명체가 환경에 적응하는 능력을 향상시키는데, 이 과정에서 종

수가 다양해지고 인간에게 영향을 미치는 병원체의 수도 증가했어요.

과거 유행했던 질병이 다시 유행하는 것도 특징이에요. 그동안 A형 간염과 결핵은 정복한 질병으로 여겨졌어요. 그런데 최근 두 질병의 감염자 수가 늘고 있지요. A형 간염은 국내에서만 2019년 한 해 동안 1만 7598명의 환자가 발생했어요. A형 간염은 소아에서는 감기처럼 가볍게 앓고 지나가지만 나이가 많을수록 증상이 심해져요. 게다가 전염성이 강해 접촉만으로도 전염될 수 있어요.

다행히 백신 접종(2차)만으로도 약 98% 예방이 가능해요. 이 때문에 학회에서는 신생아를 대상으로 필수 예방접종을 할 필요가 있다는 의견이 나오고 있어요. 또 현재 우리나라 A형 간염 발생의 72%를 차지하고 있는 30~40대 청장년층에 대한 예방접종도 시급하다는 의견이 많지요.

사라진 질병으로 인식되던 결핵도 현재는 약 200만 명 이상이 사망하는 질환으로 자리 잡았어요. 우리나라에서도 최근 매년 약 2~3만여 명이 결핵에 감염되는 것으로 나타났어요. 문제는 결핵 약에 내성이 생긴 결핵균이 나타나면서 치료가 어려워졌다는 점이에요. 결핵을 정복한 질병으로 인식했기 때문에 1960년대 이후 결핵과 관련해 나온 신약은 한 건도 없다고 해요. 이 때문에 최근 세계는 국제결핵연구센터를 설립해 신약 개발에 박차를 가하고 있답니다.

다수의 전문가들이 미래의 전염병은 지금보다 더욱 진화되고 영악한 형태일 것이라 예견하고 있어요. 미래의 전염병을 예방하기 위해서는 어떻게 해야 할까요? 다 함께 생각해 봐요.

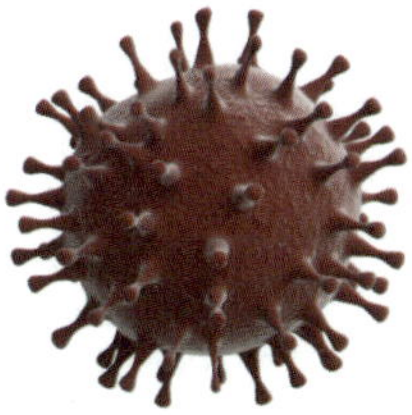

신종 코로나바이러스 COVID-19

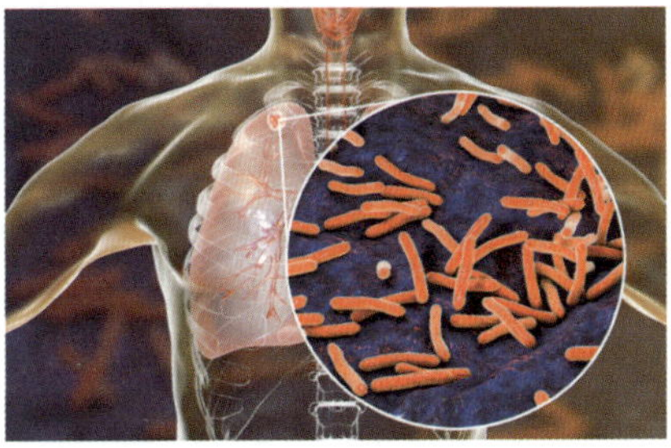

결핵을 일으키는 결핵균(미코박테륨)

다음 중 인수공통전염병이 아닌 것은?

① 야토병–토끼
② 광견병–개
③ 큐열–소
④ 코로나19–박쥐
⑤ 천연두–고양이

정답 ⑤ 천연두–고양이

인수공통전염병은 사람과 동물 사이에서 상호 전파되는 전염병을 말해요. 이 중 70%가 동물이 사람에게 전파하는 전염병이랍니다. 야토병은 병원균을 가진 토끼와 다람쥐 등 야생동물로부터 감염될 수 있다고 해요. 광견병은 광견병 바이러스를 가지고 있는 동물에게 물려서 생기는 질환으로 주로 야생의 여우, 너구리, 코요테, 흰족제비의 체내에 존재하는 것으로 알려져 있어요. 집에서 기르는 개와 고양이도 광견병 바이러스를 가지고 있을 수 있는데 전 세계적으로 광견병 전파에 가장 중요한 원인이 되는 동물은 집에서 기르는 개예요. 큐열은 세균인 콕시엘라 브루네티(Coxiella burnetii)에 의해 전염되는 것으로 사람과 소, 양, 염소에게 전염될 수 있어요. 코로나19는 SARS-CoV-2 바이러스에 의해 일어나는 전염병으로 폐렴 증상을 동반하며 박쥐나 천산갑을 통해 사람에게 감염되는 것으로 알려져 있어요. 반면 천연두는 인수공통전염병인 우두를 이용해 백신을 개발했지만 사람만 걸리는 병이랍니다.

전염병 관련 사이트

영어 세계보건기구(WHO) www.who.int

인류의 건강을 지키려고 세계 여러 나라들이 모여 몸도 건강하고 마음도 건강할 수 있는 방법을 연구하는 곳이에요. 전 세계적으로 전염병이 돌거나 원인 모를 질병이 발생하면, 서로 힘을 합쳐 해결 방법을 찾아낸답니다.

영어 미국 질병통제예방센터(CDC) www.cdc.gov

중대한 질환이 발병하면 이를 빠른 시간에 해결하기 위하여 미국에서 설립한 국가 기관입니다. 전염병이나 새로운 형태의 질병 등을 전문가가 신속히 분석하고 통제하여 질환의 확산을 막기 위해 노력해요.

보건복지부 www.mohw.go.kr

빈곤, 질병, 노령 등 사회적 위험으로부터 국민을 보호하고 삶의 질을 향상시키는 데 필요한 서비스를 제공하는 곳이에요.

질병관리청 www.cdc.go.kr

보건복지부 산하 기관으로 국가 전염병 연구 및 관리와 생명과학 연구를 하는 곳이에요. 각종 질병에 대한 정보를 얻을 수 있지요.

질병관리본부 예방접종도우미 nip.cdc.go.kr

질병관리본부가 운영하는 사이트로 예방접종 일정부터 예방접종 정보, 예방접종 내역 등을 확인할 수 있는 곳이에요. 각종 질병의 종류와 병을 예방하는 방법 등을 알려주지요.

어려운 용어를 파헤치자!

핵산 모든 생물의 세포 속에 들어 있는 고분자 유기물로 푸린염기 및 피리미딘 염기 · 당 · 인산으로 이루어져 있어요. 스위스의 생물학자 F. 미셔가 1869년에 처음으로 발견했죠.

DNA[deoxyribo nucleic acid] 생물의 유전현상에 큰 역할을 하는 핵산의 일종으로 유전 정보를 담고 있는 화학물질이에요.

RNA[ribo nucleic acid] 핵산의 일종으로, 유전자 본체인 디옥시리보 핵산(DNA)이 가지고 있는 유전정보에 따라 필요한 단백질을 합성할 때 직접적으로 작용하는 고분자 화합물이에요.

바이러스 라틴어로 독을 뜻하는 '비루스(virus)'에서 유래한 바이러스는 아주 작은 크기의 감염성 입자랍니다. 바이러스는 막대나 공 모양의 아주 단순한 모습이며, 생존에 필요한 기본 물질인 핵산(DNA 또는 RNA)과 그것을 둘러싼 단백질 껍질로 이루어져 있어요.

원생동물 운동 능력이 있고 다른 생물이 만든 유기물에 의존하는 단세포 진핵생물이에요. 일반적으로 아메바 등의 육질충류(근족충류), 짚신벌레 등의 섬모충류, 말라리아 원충 등의 포자충류, 토리코모너스 등의 편모충류로 나뉘죠.

진균류 실 모양의 균사(菌絲)를 이루며 포자로 번식하는 균류를 말해요. 세포벽을 지니고 있으며 다른 생물이 만든 양분으로 살아가죠. 버섯이나 곰팡이류가 대표적인 진균류에 속해요.

인수공통전염병 사람과 가축 양쪽에 감염되는 전염병을 말해요. 그중에서도 특히 동물로부터 사람에게 감염되는 병을 가리킨답니다. 탄저 · 페스트 · 광견병 · 우결핵병 등이 이에 해당하지요.

콜레라 콜레라균(Vibrio cholerae)의 감염으로 급성 설사가 유발되어 중증의 탈수가 빠르게 진행되며, 이로 인해 사망에 이를 수도 있는 전염성 감염 질환이에요.

말라리아 열대열 말라리아, 삼일열 말라리아, 사일열 말라리아, 난형열 말라리아 등의 말라리아 기생충에 의해 걸리는 감염병입니다. 말라리아를 일으키는 말라리아 원충은 얼룩날개 모기류에 속하는 암컷 모기에 의해서 전파된다고 해요.

지카바이러스 뎅기열을 유발하는 바이러스와 같은 플라비(Flavivirus) 계열로, 말라리아처럼 바이러스에 감염된 모기에게 감염된답니다. 감염된 사람의 혈액을 수혈받거나 성관계를 통해 전염이 되는 것으로 알려져 있지요. 산모가 감염될 경우 태아도 감염되어 소두증의 원인이 되는 것으로도 알려져 있어요.

소두증 다른 신체는 정상이나 뇌 발달이 지연돼 머리 크기가 정상보다 작아진 경우로 신생아에게 치명적이라고 해요. 지카바이러스에 감염되면서 뇌가 손상되어 나타나는 증상이랍니다.

길랑바레 증후군 말초신경에 염증이 생겨 신경세포의 축삭을 둘러싸고 있는 '수초'라는 절연물질이 벗겨져 발생하는 급성 마비성 질환이에요.

에볼라 바이러스 급성 열성 감염을 일으키는 바이러스예요. 갑작스러운 두통과 근육통, 발열이 발생한 후 전신 무력감과 허탈, 피부 발진, 저혈압, 그리고 전신성 출혈로 진행하는 것이 특징으로 사망률이 약 60%에 이르는 중증 감염병이지요.

급성중증호흡기증후군(사스) 사스 코로나 바이러스에 감염되어 발생하는 호흡기 감염증이에요. 사스에 걸리면 심한 열이 나고 기침을 하며 숨 쉬기가 힘들어요. 심각한 폐렴으로 발전해 죽음에 이를 수도 있어요.

코로나 바이러스 포유류와 조류에서 코감기 등 호흡기 질환을 일으키는 RNA 바이러스예요. 2015년 한국 전역을 휩쓴 메르스(중동호흡기증후군)도 변형된 코로나 바이러스가 일으킨 질환이랍니다.

신나는 토론을 위한 맞춤 가이드

전염병에 대한 이야기를 재미있게 읽었나요? 이제 전염병에 관한 한 박사가 다 되었다고요? 그 전에 마지막 단계인 토론을 잊지 마세요. 토론을 잘 하려면 올바른 지식과 다양한 정보가 바탕이 되어야 해요. 책을 다 읽고 친구 또는 엄마와 함께 신 나게 토론해 봐요!

잠깐! 토론과 토의는 뭐가 다르지?

토론과 토의는 모두 어떤 문제를 해결하기 위해 의견을 나누는 일입니다. 하지만 주제와 형식이 조금씩 달라요. 토의는 여러 사람의 다양한 의견을 한데 모아 협동하는 일이, 토론은 논리적인 근거로 상대방을 설득하는 일이 중요합니다. 토의는 누군가를 설득하거나 이겨야 하는 것이 아니기 때문에 서로 협력해서 생각의 폭을 넓히고 좋은 결정을 내릴 때 필요해요. 반면 토론은 한 문제를 놓고 찬성과 반대로 나뉘어 서로 대립하는 과정을 거치지요.

넓은 의미에서 토론은 토의까지 포함하는 경우가 많습니다. 토론과 토의 모두 논리적으로 생각 체계를 세우고, 사고력과 창의성을 높이는 데 도움을 준답니다.

토론의 올바른 자세

말하는 사람

❶ 자신의 말이 잘 전달되도록 또박또박 말해요.
❷ 바닥이나 책상을 보지 말고 앞을 보고 말해요.
❸ 상대방이 자신의 주장과 달라도 존중해 주어요.
❹ 주어진 시간에만 말을 해요.
❺ 할 말을 미리 간단히 적어 두면 좋아요.

듣는 사람

❶ 상대방에게 집중하면서 어떤 말을 하는지 열심히 들어요.
❷ 비스듬히 앉지 말고 단정한 자세를 해요.
❸ 상대방이 말하는 중간에 끼어들지 않아요.
❹ 다른 사람과 떠들거나 딴짓을 하지 않아요.
❺ 상대방의 말을 적으며 자기 생각과 비교해 봐요.

체계적으로 생각하기

전염병의 원인과 특징은?

우리 주변은 다양한 세균과 바이러스에 노출되어 있어요. 본문을 읽고 아래에 적힌 전염병이 발생한 원인과 특징에 대해 정리해 봐요.

페스트(흑사병)

콜레라

말라리아

신종플루

에볼라

메르스

논리적으로 말하기 1

우리나라를 강타한 메르스, 원인과 대응방법은?

2015년 6월 한국은 메르스에 맞서 힘든 시기를 보냈어요. 메르스는 빠르게 확산되어 사우디아라비아에 이어 세계 2위 메르스 발병국가라는 불명예를 안겼지요. 다음 기사(D 일보)를 읽고 메르스가 특히 우리나라에서 확산된 이유와 해결 방법에 대해 의견을 나눠 봅시다.

세계화가 되면서 감염병에도 국경이 사라지고 있다. 한국의 메르스(MERS · 중동호흡기증후군) 사태가 대표적이다. 외국에서는 에볼라, 조류인플루엔자, 메르스 등의 감염병을 어떻게 방역하며 국제적인 공조는 어떻게 하는 걸까?

글로벌 감염병의 현황과 해결 방법을 논의하기 위한 '제2차 글로벌보건안보구상(GHSA · Global Health Security Agenda) 고위급 회의'가 7일 서울 강남구 코엑스 인터컨티넨탈호텔에서 개막했다. 이날 아와 마리 콜세크 세네갈 보건장관, 스리 헤니 세티아와티 인도네시아 보건장관 수석보좌관 등은 최근 경험한 신종 감염병 방역 사례를 발표했다. 이들은 국민들에게 정확하고 신속한 정보를 제공하는 것과 지역정부와 시민단체를 망라한 대응체계를 조직하는 것이 중요하다고 강조했다.

한국 메르스 사태 당시 역학조사단을 이끌었던 후쿠다 게이지 세계보건기구(WHO) 사무차장은 이날 인터뷰에서 "또 다른 바이러스가 한국을 위협할 가능성은 충분하다"며 "무엇보다 시급한 것은 병원 문화 개선"이라고 했다. 그는 "세계 여러 병원을 보았지만 한국만큼 응급실 규모가 크고 과밀화된 곳을 보지 못했다"며 "이런 곳에서 감염이 발생하는 것은 놀라운 일이 아니다"고 말했다. 토머스 프리든 미국 질병통제예방센터(CDC) 소장은 "질병통제 기관의 독립성은 중요하다"고 지적했다. 질병을 통제하는 기관은 정부와 긴밀히 협조해야 하지만 대중의 신뢰를 살 수 있도록 어느 정도 거리 두기를 해야 한다는 것. 한국 정부가 지난달 발표한 신종 감염병 대응전략 개편안에는 질병관리본부 독립에 관한 내용이 빠져 있었다.

미국 CDC는 어떤 정보든 24시간 이내 국민에게 솔직하게 알린다는 것을 원칙으로 한다. 모르는 것을 모른다고 말하기를 두려워하지 않는 것 또한 CDC에서 배울 만한 태도다. 프리든 소장은 "비난을 감수하는 것도 업무의 일부"라면서 "독립적으로 움직이고, 정보를 솔직하게 공개해 온 덕분에 CDC는 가장 신뢰받는 기관으로 자리매김했다"고 말했다.

1. 메르스가 특히 우리나라에서 빠르게 확산된 이유는 무엇일까요?

2. 2015년의 메르스 사태와 같은 실수를 되풀이하지 않기 위해서는 어떻게 해야 할까요?

바이러스는 생물일까, 무생물일까?

지카바이러스나 에볼라, 메르스를 일으킨 코로나 바이러스는 전자현미경으로 겨우 볼 수 있을 정도로 작아서 치료가 쉽지 않아요. 이런 바이러스를 바라보는 시각은 과학자마다 다른데, 바이러스가 생물이라고 보는 과학자가 있는 반면 무생물이라고 주장하는 과학자도 있어요. 다음 기사(D일보)를 읽고 바이러스가 생물인지 아닌지에 대해 의견을 나눠 봅시다.

바이러스를 한마디로 정의하자면 이렇게 말할 수 있다. 세포는 아니지만 유전정보를 가지고 있다. 여기에다 사람과 세균, 귤나무, 곰팡이 등 지구상 거의 모든 생물을 이용해 끊임없이 자신을 복제해 나간다는 점에서는 생명체라고 볼 수 있다. 대체 바이러스는 어디서 어떻게 생겨났을까. 전문가들은 유전정보 분석 결과를 바탕으로 크게 세 가지 가설을 세웠다. 가장 먼저 등장한 '세포 퇴화설'은 정상적인 세포가 퇴화해서 유전체와 껍질 단백질로 남아 바이러스가 됐다는 학설이다.
하지만 이 가설만으로는 전체 바이러스 종류의 절반을 넘는 RNA 바이러스의 기원을 설명하기 어렵다. 세포는 DNA만으로 유전정보를 저장하지만 일부 바이러스는 RNA를 이용하기 때문이다. 그래서 등장한 것이 '세포 탈출설'이다. 이 가설은 세포 유전체 일부분이 세포를 벗어나 자기 복제와 외부 환경 변화에 맞춰 스스로를 보호하는 데 필요한 껍질을 만드는 단백질을 얻으면서 바이러스가 생겨났다고 설명한다. 바이러스와 세포의 기원을 다르게 보는 '독립 기원설'도 있다.
이 가설은 바이러스와 세포가 각각 독립적으로 출발해 서로의 진화에 영향을 주며 현재에 이르렀을 것으로 본다. 아직 바이러스의 기원에 대해 명확하게 밝혀진 것은 아니지만 주목해야 할 사실은 바이러스들이 인간의 활동에 영향을 받아 '활동 구역'이 점점 더 빨리 뒤섞이고 있다는 점이다. 정용석 경희대 생물학과 교수는 "자연에서는 서로 만나기 힘든 식물이나 동물을 한 공간에 두거나, 인간 스스로 새로운 바이러스 활동 구역으로 들어가면서 바이러스의 활동 영역이 뒤섞이기 시작했다"며 "앞으로 새로운 바이러스의 출현이 점점 더 잦아질 것"이라고 말했다.

바이러스는 생물이다

바이러스는 무생물이다

창의력 키우기

전염병을 미리 예방할 수 있는 방법은?

해마다 감기나 독감으로 고생하는 사람들이 늘고 있어요. 감기나 독감 같은 전염병에 걸리지 않도록 일상생활에서 스스로 실천할 수 있는 방법에는 무엇이 있는지 같이 생각해 보도록 해요.

방법 1

방법 2

방법 3

방법 4

예시 답안

전염병의 원인과 특징은?

페스트(흑사병)
페스트균을 가진 벼룩이 쥐에 붙어 살면서 피를 빨다가 사람의 몸에도 붙어 병을 옮기게 된다.

콜레라
오염된 음식이나 물을 통해 콜레라균이 사람의 몸속으로 들어가 감염된다.

말라리아
플라스모디움이라는 원충에 감염된 얼룩날개모기가 사람의 피를 빨아먹어 감염된다.

신종플루
인플루엔자에 감염된 사람들의 기침 혹은 재채기로 인해 감염되거나 바이러스에 묻은 물체의 표면과 접촉한 손으로 코나 입을 만지면 감염된다.

에볼라
아프리카 풍토병으로 박쥐, 설치류, 유인원을 통해 사람에게 감염되며 몸에서 피가 나는 증상이 특징이다.

메르스
신종 코로나 바이러스를 가진 낙타와 박쥐를 통해 사람에게 감염되는 질환으로 사스와 유사한 고열, 기침, 호흡곤란 등 심한 호흡기 증상을 일으킨다.

우리나라를 강타한 메르스, 원인과 대응방법은?

1. 메르스 환자가 발생한 병원에서 감염을 통제하기 위한 예방조치를 적절히 취하지 않고 정부 역시 대응에 늑장을 부려 메르스 감염이 확산됐다. 또한 우리나라에서는 지방에 거주하더라도 스스로 위중한 병이라고 생각되면 언제든 서울의 대형병원을 찾을 수 있다. 실제로 서울의 대형병원을 방문해 메르스에 노출된 환자가 지방 곳곳에서 나왔다. 뿐만 아니라 해외 선진국에서는 대부분 1인실이고 간혹 2인실인 경우가 많은데, 우리나라는 4인실, 6인실이 전체 병실의 절반이어서 메르스와 같은 감염질환에 취약할 수밖에 없다. 가족 간병 문화와 문병을 해야 도리를 다했다고 생각하는 우리나라 사람들의 관행도 원인 중 하나로 들 수 있다.

2. 2015년의 메르스 사태와 같은 실수를 되풀이하지 않기 위해서는 정부와 병원의 초기 대응이 매우 중요하다. 정부는 전염병 환자의 감염 경로와 정보를 신속히 공지하고 잘못된 의료 이용 관행을 바로 세워야 한다. 병원 역시 전염성 환자를 철저히 격리하고 병원 방문객에 대한 완전한 통제가 이루어져야 할 것이다.

바이러스는 생물일까, 무생물일까?

바이러스는 생물이다
바이러스는 DNA와 RNA 핵산을 가지고 있다. 핵산은 살아 있는 세포의 유전물질을 구성하는데, 이는 생물만이 가지고 있는 고유 특징으로 무생물에서는 발견할 수 없다. 바이러스의 핵산 주변에는 단백질이 있는데 단백질 역시 생물체만 갖고 있는 특징이다. 또한 지구상의 모든 생물체는 자기자손을 만들고 번식해 나가는데, 바이러스 역시 자기 복제나 자기 증식을 할 수 있어 생물의 고유 특징을 갖고 있다.

바이러스는 무생물이다
모든 생명체는 세포막을 통해 외부로부터 영양분을 얻고, 내부에 필요 없는 물질을 바깥으로 배출한다. 그런데 바이러스는 세포와 세포막이 없어서 물질 교환이 일어나지 않고, 성장하지 않으며 혼자서 살아갈 수도 없기 때문에 생물이 아니다. 또한 바이러스는 특수한 환경에서 바이러스 결정을 만들 수 있는데 이는 생물체에서는 불가능한 일이다. 따라서 바이러스는 무생물이라고 볼 수 있다.